# Historias de los Profetas

## Por Al-Hafiz Ibn Kathir

**Resumen**

Historias de los Profetas Por Al-Hafiz Ibn Kathir En esta obra clásica del erudito islámico Abu al-Fida Ismail ibn Kathir (siglo XIV), se narran las vidas de los profetas desde Adán hasta Jesús, basadas en el Corán y la tradición profética auténtica. Con un enfoque exegético profundo y accesible, Ibn Kathir combina versos coránicos, hadices y relatos históricos para ilustrar lecciones de fe, paciencia, monoteísmo y justicia divina. Desde la creación de Adán y el rechazo de Iblís, pasando por las pruebas de Noé, Abraham, Moisés y Jesús, hasta los milagros de Salomón y Jonás, el libro revela cómo Dios guió a la humanidad a través de Sus mensajeros. Ideal para lectores interesados en la espiritualidad islámica, la historia bíblica comparada y la sabiduría eterna, esta traducción fiel al original ofrece una ventana a las raíces compartidas de las religiones abrahámicas. Una guía timeless para el alma en busca de verdad.

# Índice de Contenidos

Resumen ..................................................................................... 2

Índice de Contenidos .................................................................. 3

Capítulo: Lo que se ha relatado sobre la creación de Adán, que la paz sea con él ............................................................................. 5

Capítulo: Mención de Idrís, que la paz sea con él .................... 30

Capítulo: La historia de Noé, que la paz sea con él ................. 36

Capítulo: La historia de Hud, que la paz sea con él ................. 65

   Capítulo: La historia de Salih, que la paz sea con él ............ 78

   Capítulo: La historia de Ibrahim, que la paz sea con él ........ 88

Capítulo: La historia de Lut, que la paz sea con él .................. 99

Capítulo: La historia de Yaqub, que la paz sea con él ............. 113

Capítulo: La historia de Yúsuf, que la paz sea con él .............. 119

Capítulo: La historia de Ayyub, que la paz sea con él ............. 139

Capítulo: La historia de Shu'ayb, que la paz sea con él .......... 144

Capítulo: La historia de Moisés, que la paz sea con él ........... 152

Capítulo: La historia de Harún, que la paz sea con él ............. 158

Capítulo: La historia de Dhul-Kifl, que la paz sea con él ......... 162

Capítulo: La historia de Dawud, que la paz sea con él....................166

Capítulo: La historia de Sulayman, que la paz sea con él ................171

Capítulo: La historia de Yunus, que la paz sea con él .....................176

Capítulo: La historia de Yahya, que la paz sea con él .....................185

Capítulo: La historia de Isa, que la paz sea con él..........................190

Conclusión del Libro ......................................................................195

Glosario de Términos.....................................................................196

En el nombre de Alá, el Misericordioso, el Compasivo.

**Capítulo: Lo que se ha relatado sobre la creación de Adán, que la paz sea con él**

Dijo Alá, el Exaltado: (Y cuando tu Señor dijo a los ángeles: «Voy a poner un sucesor en la tierra». Dijeron: «¿Vas a poner en ella a quien corrompa en ella y derrame sangre, siendo nosotros los que Te glorificamos con Tu alabanza y Te santificamos?». Dijo: «En verdad, Yo sé lo que vosotros no sabéis». Y le enseñó a Adán los nombres, todos ellos; luego se los presentó a los ángeles y dijo: «¡Informadme de los nombres de éstos, si sois veraces!». Dijeron: «¡Glorificado seas! No tenemos conocimiento más que de lo que nos has enseñado. En verdad, Tú eres el Omnisciente, el Sabio». Dijo: «¡Oh, Adán! ¡Infórmales de sus nombres!». Y cuando se los informó, dijo: «¿No os dije que Yo conozco lo oculto de los cielos y de la tierra, y que sé lo que mostráis y lo que ocultabais?». Y cuando dijimos a los ángeles: «¡Prosternaos ante Adán!», se prosternaron, excepto Iblís, que se negó, se llenó de soberbia y fue de los incrédulos. Y dijimos: «¡Oh, Adán! ¡Habita tú y tu esposa el Paraíso, y comed de él en abundancia donde queráis, pero no os acerquéis a este árbol, porque si lo hacéis, estaréis entre los injustos!». Entonces Satanás les hizo resbalar de él, y les sacó de lo que estaban. Y dijimos: «¡Descended! Algunos de vosotros seréis enemigos de otros, y tendréis en la tierra un lugar de residencia y un disfrute por un tiempo». Entonces Adán recibió de su Señor unas palabras, y se arrepintió. Él es el Clemente, el Misericordioso. Dijimos: «¡Descended de él todos!». Y si os llega de Mí una guía, quienes sigan Mi guía no temerán ni se entristecerán. Y los que no crean y desmientan Nuestros signos, ésos serán moradores del Fuego; en él permanecerán eternamente.) [2 / Al-

Baqara: 30-39] quranv.com 1+Y dijo el Exaltado: (En verdad, el ejemplo de Jesús ante Alá es como el ejemplo de Adán: Lo creó de polvo, luego le dijo: «¡Sé!», y fue.) [3 / Al Imran: 59] Y dijo el Exaltado: (¡Oh, hombres! Temed a vuestro Señor, Quien os creó de una sola alma y de ella creó a su pareja, y de ambos hizo extenderse a muchos hombres y mujeres. Y temed a Alá, por Quien os preguntáis unos a otros, y a los lazos de parentesco. En verdad, Alá os observa.) [4 / An-Nisa: 1] Asimismo dijo: (¡Oh, hombres! En verdad, os hemos creado de un varón y una hembra, y os hemos hecho pueblos y tribus para que os conozcáis. En verdad, el más noble de vosotros ante Alá es el más piadoso. En verdad, Alá es Omnisciente, Conocedor.) [49 / Al-Huyurat: 13] Y dijo el Exaltado: (Él es Quien os creó de una sola alma y de ella hizo a su pareja para que él se inclinara hacia ella. Y cuando la cubrió, ella concibió una carga ligera, y pasó con ella; y cuando se agravó, invocaron a Alá, su Señor: «Si nos das un hijo recto, seremos de los agradecidos».) [7 / Al-A'raf: 189] Y dijo el Exaltado: (Y ciertamente os hemos creado, luego os hemos dado forma, luego le dijimos a los ángeles: «¡Prosternaos ante Adán!». Se prosternaron, excepto Iblís, que no fue de los que se prosternaron. Dijo: «¿Qué te impidió prosternarte cuando te lo ordené?». Dijo: «Yo soy mejor que él; me has creado de fuego y le has creado de barro». Dijo: «¡Entonces, desciende de aquí! No te corresponde llenarte de soberbia en él. ¡Sal! En verdad, estarás entre los humillados». Dijo: «Concédeme un plazo hasta el Día en que sean resucitados». Dijo: «En verdad, estás de los plazo dados». Dijo: «Por haberte inducido a error, me sentaré para ellos en Tu camino recto. Luego, ciertamente, les llegaré por delante de ellos, por detrás de ellos, por su derecha y por su izquierda, y no hallarás a la mayoría de ellos agradecidos». Dijo: «¡Sal de aquí, execrado, expulsado! Quien de ellos te siga, ciertamente, llenaré el Infierno de vosotros todos. Y tú, ¡oh, Adán! ¡Habita tú y tu esposa el Paraíso! ¡Comed de él donde queráis, pero no os acerquéis a este árbol, porque si lo hacéis, estaréis entre los injustos!». Entonces Satanás les susurró para mostrarles lo que les estaba oculto de sus partes privadas. Y dijo: «Vuestro Señor no os ha prohibido este árbol más que por temor a que seáis ángeles o de los inmortales». Y les juró: «En verdad, soy para vosotros uno de los sinceros». Así les indujo a error con engaño. Y cuando probaron del árbol, se les hicieron visibles sus partes privadas, y comenzaron a cubrirse con hojas del Paraíso. Y les llamó su Señor: «¿No os había prohibido ese árbol y os había dicho que Satanás es para vosotros un enemigo manifiesto?». Dijeron: «¡Señor nuestro! Nos hemos hecho injusticia a nosotros mismos. Y si no nos perdonas y nos tienes misericordia, ciertamente, estaremos de los perdidos». Dijo: «¡Descended!

Algunos de vosotros seréis enemigos de otros, y tendréis en la tierra un lugar de residencia y un disfrute por un tiempo. Viviréis en ella, moriréis en ella y de ella seréis sacados».) [7 / Al-A'raf: 11-25] quran.com Asimismo dijo en otro verso: (De ella os hemos creado, a ella os retornaremos y de ella os sacaremos una vez más.) [20 / Ta-Ha: 55]. Y dijo el Exaltado: (Y ciertamente creamos al hombre de arcilla seca de un barro maleable. Y al yinn lo creamos antes, de un fuego sin humo. Y cuando tu Señor dijo a los ángeles: «Voy a crear un ser humano de arcilla seca de un barro maleable. Y cuando lo haya plasmado y haya soplado en él de Mi espíritu, prosternaos ante él». Entonces se prosternaron los ángeles, todos juntos. Excepto Iblís, que se negó a ser de los que se prosternan. Dijo: «¡Oh, Iblís! ¿Qué te impide ser de los que se prosternan?». Dijo: «No me prosternaré ante un ser humano que has creado de arcilla seca de un barro maleable». Dijo: «¡Sal de aquí!

En verdad, estás expulsado. Y ciertamente, sobre ti está la maldición hasta el Día del Juicio». Dijo: «¡Señor mío! Concédeme un plazo hasta el Día en que sean resucitados». Dijo: «En verdad, estás de los plazo dados, hasta el Día del tiempo conocido». Dijo: «¡Señor mío! Por haberte inducido a error, adornaré en la tierra y extraviaré a todos, excepto a Tus siervos sinceros de entre ellos». Dijo: «Éste es un camino recto sobre Mí. En verdad, sobre Mis siervos no tienes poder, excepto sobre quienes te sigan de los desviados. Y ciertamente, el Infierno es su cita, todos ellos. Tiene siete puertas; para cada puerta hay de ellos una parte asignada».) [15 / Al-Hiyr: 26-44] es.noblequran.org Y dijo el Exaltado: (Y cuando dijimos a los ángeles: «¡Prosternaos ante Adán!», se prosternaron, excepto Iblís. Dijo: «¿Me prosternaré ante quien has creado de barro?». Dijo: «¿Has visto a éste que has honrado sobre mí? Si me das un plazo hasta el Día de la Resurrección, ciertamente, asediaré a su descendencia, excepto a unos pocos». Dijo: «¡Vete! Y quien de ellos te siga, ciertamente, el Infierno será vuestra retribución, una retribución plena. Y azuza a quien puedas de ellos con tu voz, y cabalga sobre ellos con tu caballería e infantería, y asóciate con ellos en sus bienes e hijos, y promételes». Pero lo que Satanás les promete no es sino engaño. «En verdad, sobre Mis siervos no tienes poder». Y basta tu Señor como Protector.) [17 / Al-Isra: 61-65] quran.com Y dijo el Exaltado: (Y cuando dijimos a los ángeles: «¡Prosternaos ante Adán!», se prosternaron, excepto Iblís, que era de los yinn, y se rebeló contra la orden de su Señor. ¿Tomaréis, pues, a él y a su descendencia como aliados en lugar de Mí, siendo ellos para vosotros enemigos? ¡Qué mal cambio para los injustos!) [18 / Al-Kahf: 50] quran.com Y dijo el Exaltado: (Y ciertamente pactamos con Adán antes, pero olvidó, y no encontramos en él determinación. Y cuando dijimos a los ángeles: «¡Prosternaos ante Adán!», se prosternaron, excepto Iblís, que se negó. Dijo: «¡Oh, Adán! En verdad, éste es un enemigo para ti y para tu esposa. Que no os expulse del Paraíso, pues os fatigaríais. En verdad, no tienes en él hambre ni desnudez, ni sed, ni fuego». Entonces Satanás le susurró: «¡Oh, Adán! ¿Te muestro el árbol de la inmortalidad y un reino que no se corrompe?». Así comieron de él, y se les hicieron visibles sus partes privadas, y comenzaron a cubrirse con hojas del Paraíso. Y Adán desobedeció a su Señor y se extravió. Luego su Señor lo eligió, se arrepintió de él y lo guio. Dijo: «¡Descended de él todos! Algunos de vosotros seréis enemigos de otros. Y si os llega de Mí una guía, quien siga Mi guía no se extraviará ni será desdichado. Y quien se aparte de Mi recordatorio, ciertamente, tendrá una vida angustiosa, y le resucitaremos ciego el Día de la Resurrección». Dirá: «¡Señor mío! ¿Por qué me has resucitado ciego, cuando yo era vidente?». Dijo: «Así: Nuestras señales te llegaron y las olvidaste; y así hoy serás olvidado».) [20 / Ta-Ha: 115-126] surahquran.com Y dijo el Exaltado: (Di: «Es una noticia magna. De ella os apartáis. No tengo conocimiento de la asamblea de los Altos cuando disputan. No se me revela sino que soy un claro admonitor». Cuando tu Señor dijo a los ángeles: «Voy a crear un ser humano de barro. Y cuando lo haya plasmado y haya soplado en él de Mi espíritu, prosternaos ante él». Entonces se prosternaron los ángeles, todos juntos. Excepto Iblís, que se llenó de soberbia y fue de los incrédulos. Dijo: «¡Oh, Iblís! ¿Qué te impide prosternarte ante lo que creé con Mis manos? ¿Te has llenado de soberbia o eres de los altivos?». Dijo: «Yo soy mejor que él; me has creado de fuego y le has creado de barro». Dijo: «¡Sal de aquí! En verdad, estás expulsado. Y ciertamente, Mi maldición está sobre ti hasta el Día del Juicio». Dijo: «¡Señor mío! Concédeme un plazo hasta el Día en que sean resucitados». Dijo: «En verdad, estás de los plazo dados, hasta el Día del tiempo conocido». Dijo: «¡Por Tu poder! Extraviaré a todos, excepto a Tus siervos sinceros de entre ellos». Dijo: «La verdad es la verdad, y la verdad digo: Ciertamente, llenaré el Infierno de ti y de quienes te sigan de ellos, todos». Di: «No os pido por ello recompensa alguna, ni soy de los que se exceden. No es sino un recordatorio para los mundos. Y ciertamente, conoceréis su noticia después de un tiempo».) [38 / Sad: 68-88] quran.com Ésta es la mención de esta historia en varios lugares dispersos del Corán, y hemos hablado de todo ello en el Tafsir. Mencionaremos aquí el resumen de lo que indican estos nobles versos, y lo relacionado con ellos de los hadices transmitidos sobre ello del Mensajero de Alá, que la paz y las bendiciones de Alá sean con él, con la ayuda de Alá. Alá informó que se dirigió a los ángeles diciendo: (Voy a poner un sucesor en la tierra), informándoles de lo que quería crear de Adán y su descendencia, quienes se sucederán unos a otros, como dijo: (Y Él es Quien os hizo sucesores en la tierra) [y dijo: (Y os hará sucesores en la tierra)]. Les informó de ello para resaltar la creación de Adán y su descendencia, como se informa de un asunto grandioso antes de que ocurra. Entonces los ángeles dijeron, preguntando por el motivo de la sabiduría, no por objeción o menosprecio hacia los hijos de Adán y envidia hacia ellos, como lo han imaginado algunos ignorantes de los exégetas: (¿Vas a poner en ella a quien corrompa en ella y derrame sangre?). Se dijo que lo supieron porque vieron lo que ocurrió antes de Adán de los genios, como dijo Qatada. Y dijo Abdullah ibn Umar: Los genios existían dos mil años antes de Adán y derramaban sangre, así que Alá envió contra ellos un ejército de ángeles y los expulsaron a las islas de los mares. Y de Ibn Abbas algo similar. Y de Al-Hasan: Les fue inspirado eso. Se dijo: Porque lo vieron en la

Tabla Preservada, y se dijo que Harut y Marut les informaron de un rey por encima de ellos llamado As-Sijill. Lo relató Ibn Abi Hatim de Abi Yafar Al-Baqir. Se dijo: Porque sabían que de la tierra no se crea sino quien sea mayoritariamente de esta naturaleza. (Y nosotros Te glorificamos con Tu alabanza y Te santificamos), es decir, Te adoramos siempre, no desobedece ninguno de nosotros. Si el propósito de crear a éstos es que Te adoren, aquí estamos, sin cesar de noche ni de día. Dijo: (En verdad, Yo sé lo que vosotros no sabéis), es decir, sé de la preponderancia del bien en la creación de éstos lo que no sabéis, es decir, surgirán de ellos profetas, mensajeros, los veraces, los mártires [y los rectos]. Luego les mostró el honor de Adán sobre ellos en el conocimiento, diciendo: (Y le enseñó a Adán los nombres, todos ellos). Dijo Ibn Abbas: Son estos nombres con los que la gente se conoce: ser humano, animal, tierra, llanura, mar, montaña, camello, asno, y similares de las criaturas y otras. Y dijo Mujahid: Le enseñó el nombre de la tablilla, del decreto, hasta el nombre de la flecha y la saeta. Y dijo Mujahid: Le enseñó el nombre de cada animal, cada ave y cada cosa. Y así dijo Said ibn Yubayr, Qatada y otros muchos. Y dijo Ar-Rabi: Le enseñó los nombres de los ángeles. Y dijo Abdurrahman ibn Zayd: Le enseñó los nombres de su descendencia. Y lo correcto: Le enseñó los nombres de las esencias y sus acciones, en su forma grande y pequeña, como indicó Ibn Abbas, que Alá esté complacido de él. Y mencionó Al-Bujari aquí lo que relató él y Muslim de la vía de Said y Hisham de Qatada, de Anas ibn Malik, del Mensajero de Alá, que la paz y las bendiciones de Alá sean con él, quien dijo: «Los creyentes se reunirán el Día de la Resurrección y dirán: Si intercediéramos ante nuestro Señor [hasta que nos alivie de este lugar]. Vendrán a Adán y dirán: Tú eres el padre de los humanos, Alá te creó con Su mano, ordenó a Sus ángeles que se prosternaran ante ti, y te enseñó los nombres de todas las cosas». Y mencionó el resto del hadiz. (Luego se los presentó a los ángeles y dijo: «¡Informadme de los nombres de éstos, si sois veraces!»). Dijo Al-Hasan Al-Basri: Cuando Alá quiso crear a Adán, los ángeles dijeron: Nuestro Señor no crea una creación sin que sepamos más de ella, así que fueron probados con esto, y eso es su dicho: (si sois veraces). Se dijo otra cosa, como lo hemos detallado en el Tafsir. Dijeron: (¡Glorificado seas! No tenemos conocimiento más que de lo que nos has enseñado. En verdad, Tú eres el Omnisciente, el Sabio), es decir, ¡Glorificado seas de que alguien abarque algo de Tu conocimiento sin Tu enseñanza!, como dijo: (Y no abarcan nada de Su conocimiento sino lo que Él quiere). Dijo: «¡Oh, Adán! ¡Infórmales de sus nombres!». Y cuando se los informó, dijo: «¿No os dije que Yo conozco lo oculto de los cielos y de la tierra, y que sé lo que mostráis y lo que ocultabais?», es decir, conozco lo secreto como lo manifiesto. Se dijo que lo que se quiere con (sé lo que mostráis) es lo que dijeron: ¿Vas a poner en ella a quien corrompa en ella?, y con (lo que ocultabais) se quiere la palabra de Iblís cuando ocultó la soberbia y el rechazo hacia Adán, que la paz sea con él. Lo dijo Said ibn Yubayr, Mujahid, As-Suddi, Ad-Dahhak, Ath-Thawri, y lo prefirió Ibn Yarrir. Y dijo Abu Al-Aliya, Ar-Rabi, Al-Hasan, Qatada: (lo que ocultabais) es su dicho: Nuestro Señor no creará una creación sin que sepamos más de ella y la honremos más que ella. Y Su dicho, el Exaltado: (Y cuando dijimos a los ángeles: «¡Prosternaos ante Adán!», se prosternaron, excepto Iblís, que se negó y se llenó de soberbia), éste es un gran honor de Alá, el Exaltado, a Adán cuando lo creó con Su mano, sopló en él de Su espíritu, como dijo: (Y cuando lo haya plasmado y haya soplado en él de Mi espíritu, prosternaos ante él). Éstos son los más altos honores: Su creación con Su mano noble, soplar en él de Su espíritu, ordenar a los ángeles que se prosternaran ante él, y enseñarle los nombres de las cosas. Por eso le dijo Moisés, el Hablante [de Alá], cuando se reunieron él y él en la asamblea superior y debatieron, como vendrá: Tú eres Adán, padre de los humanos, Alá te creó con Su mano, sopló en ti de Su espíritu, ordenó a Sus ángeles que se prosternaran ante ti, y te enseñó los nombres de todas las cosas. Y así le dirán los de la Resurrección el Día de la Resurrección, como se mencionó antes, y como vendrá, si Alá quiere. Y dijo en otro verso: (Y ciertamente os hemos creado, luego os hemos dado forma, luego le dijimos a los ángeles: «¡Prosternaos ante Adán!», se prosternaron, excepto Iblís, que no fue de los que se prosternaron. Dijo: «¿Qué te impidió prosternarte cuando te lo ordené?». Dijo: «Yo soy mejor que él; me has creado de fuego y le has creado de barro».) [7 / Al-A'raf: 11-12] Y dijo Al-Hasan Al-Basri: Iblís comparó, y fue el primero en comparar. Y dijo Muhammad ibn Sirin: El primero en comparar fue Iblís, y no se adoró al sol ni a la luna sino por comparaciones, lo relató Ibn Yarrir. El significado de esto es que miró su alma por vía de comparación entre él y Adán, vio que era más noble que Adán, así que se negó a prosternarse ante él, a pesar de la orden para él y para el resto de los ángeles de prosternarse. Y la comparación, cuando se opone al texto, es inválida en el juicio. Luego es inválida en sí misma, porque el barro es más beneficioso y mejor que el fuego, ya que el barro tiene estabilidad, paciencia, lentitud y crecimiento, y el fuego tiene precipitación, ligereza, rapidez e incineración. Luego Alá honró a Adán creando él con Su mano y soplando en él de Su espíritu, y por eso ordenó a los ángeles que se prosternaran ante él, como dijo: (Y cuando tu Señor dijo a los ángeles: «Voy a crear un ser humano de arcilla seca de un barro maleable. Y cuando lo haya plasmado y haya soplado en él de Mi espíritu, prosternaos ante él». Entonces se prosternaron los ángeles, todos juntos. Excepto Iblís, que se negó a ser de los que se prosternan. Dijo: «¡Oh, Iblís! ¿Qué te impide ser de los que se prosternan?». Dijo: «No me prosternaré ante un ser humano que has creado de arcilla seca de un barro maleable». Dijo: «¡Sal de aquí! En verdad, estás expulsado. Y ciertamente, sobre ti está la maldición hasta el Día del Juicio».) Mereció esto de Alá, el Exaltado, porque implicó menosprecio a Adán, desprecio hacia él y elevación sobre él, contradicción a la orden divina, y oposición a la verdad en el texto específico sobre Adán. Comenzó a excusarse con algo que no le beneficia, y su excusa fue peor que su pecado. Comenzó a excusarse con algo que no beneficia el derecho en el texto sobre Adán. Como dijo el Exaltado: (Y cuando dijimos a los ángeles: «¡Prosternaos ante Adán!», se prosternaron, excepto Iblís. Dijo: «¿Me prosternaré ante quien has creado de barro?». Dijo: «¿Has visto a éste que has honrado sobre mí? Si me das un plazo hasta el Día de la Resurrección, ciertamente, asediaré a su descendencia, excepto a unos pocos». Dijo: «¡Vete! Y quien de ellos te siga, ciertamente, el Infierno será vuestra retribución, una retribución plena. Y azuza a quien puedas de ellos con tu voz, y cabalga sobre ellos con tu caballería e infantería, y asóciate con ellos en sus bienes e hijos, y promételes». Pero lo que Satanás les promete no es sino engaño. «En verdad, sobre Mis siervos no tienes poder». Y basta tu Señor como Protector.) [17 / Al-Isra: 61-65]. Y dijo el Exaltado: (Y cuando dijimos a los ángeles: «¡Prosternaos ante Adán!», se prosternaron, excepto Iblís, que era de los yinn, y se rebeló contra la orden de su Señor. ¿Tomaréis, pues, a él y a su descendencia como aliados en lugar de Mí, siendo ellos para vosotros enemigos? ¡Qué mal cambio para los injustos!) [18 / Al-Kahf: 50]. Es decir, salió de la obediencia de Alá intencionalmente, con obstinación y soberbia en acatar Su orden, y eso no es sino porque traicionó su naturaleza y su materia vil cuando más la necesitaba, ya que está creado de fuego, como dijo, y como vino en Sahih Muslim de Aisha, del Mensajero de Alá, que la paz y las bendiciones de Alá sean con él, quien dijo: «Los ángeles fueron creados de luz, los genios de una llama de fuego, y Adán de lo que se os ha descrito». Dijo Al-Hasan Al-Basri: Iblís no fue de los áy Alá sabe mejor. Y Su dicho, el Exaltado, a Iblís: (¡Desciende de aquí!) y (¡Sal de aquí!), es prueba de que estaba en el cielo, así que se le ordenó descender de él, y salir del rango y posición que había alcanzado por su adoración, y su semejanza con los ángeles en obediencia y adoración, luego se le quitó eso por su soberbia, envidia y oposición a su Señor. Así que descendió a la tierra execrado, expulsado. Y ordenó Alá a Adán, que la paz sea con él, que habitara él y su esposa el Paraíso, diciendo: (Y dijimos: «¡Oh, Adán! ¡Habita tú y tu esposa el Paraíso, y comed de él en abundancia donde queráis, pero no os acerquéis a este árbol, porque si lo hacéis, estaréis entre los injustos!»). Y dijo el Exaltado: (Dijo: «¡Sal de aquí, execrado, expulsado! Quien de ellos te siga, ciertamente, llenaré el Infierno de vosotros todos. Y tú, ¡oh, Adán! ¡Habita tú y tu esposa el Paraíso! ¡Comed de él donde queráis, pero no os acerquéis a este árbol, porque si lo hacéis, estaréis entre los injustos!». ) [7 / Al-A'raf: 17-19] Y dijo el Exaltado: (Y cuando dijimos a los ángeles: «¡Prosternaos ante Adán!», se prosternaron, excepto Iblís, que se negó. Dijo: «¡Oh, Adán! En verdad, éste es un enemigo para ti y para tu esposa. Que no os expulse del Paraíso, pues os fatigaríais. En verdad, no tienes en él hambre ni desnudez, ni sed, ni fuego».) [20 / Ta-Ha: 116-119] Y el contexto de estos versos requiere que la creación de Hawwa fue antes de la entrada de Adán [al Paraíso], por Su dicho: (Y tú, ¡oh, Adán! ¡Habita tú y tu esposa el Paraíso!), y esto lo afirmó Ishaq ibn Yahya, y es aparente de estos versos. Pero relató As-Suddi de Abi Saleh y Abi Malik, de Ibn Abbas de Murra de Ibn Masud, y de un grupo de Compañeros, que dijeron: Expulsó a Iblís del Paraíso y habitó a Adán el Paraíso, y caminaba en él solo sin pareja que se inclinara hacia ella, así que durmió un sueño y se despertó con una mujer sentada junto a su cabeza, creada de su costilla. Le preguntó: ¿Qué eres? Dijo: Mujer. Dijo: ¿Y por qué fuiste creada? Dijo: Para que te inclines hacia mí. Entonces los ángeles, mirándolo, le dijeron: ¿Cuál es su nombre, oh Adán? Dijo: Hawwa. Dijeron: ¿Y por qué Hawwa? Dijo: Porque fue creada de algo vivo. Y mencionó Muhammad ibn Ishaq de Ibn Abbas que fue creada de su costilla izquierda más corta mientras dormía, y en su lugar carne. Y el corroborante de esto en Su dicho, el Exaltado: (¡Oh, hombres! Temed a vuestro Señor,

Quien os creó de una sola alma, y de ella creó a su pareja, y de ambos hizo extenderse a muchos hombres y mujeres...). Y en Su dicho, el Exaltado: (Él es Quien os creó de una sola alma y de ella hizo a su pareja para que él se inclinara hacia ella. Y cuando la cubrió, ella concibió una carga ligera...). Y hablaremos de ello más adelante, si Alá quiere. Y en los Sahihayn de la vía de Zaidah, de Maysara Al-Ashja'i, de Abi Hazm de Abi Hurayra, del Profeta, que la paz y las bendiciones de Alá sean con él, quien dijo: «Tratad bien a las mujeres, pues la mujer fue creada de una costilla, y lo más torcido de la costilla es su parte superior. Si vas a enderezarla, la rompes, y si la dejas, permanece torcida. Así que tratad bien a las mujeres». Éste es el texto de Al-Bujari. Y difirieron los exégetas en Su dicho, el Exaltado: (pero no os acerquéis a este árbol). Se dijo que es la vid, y se relató de Ibn Abbas, Said ibn Yubayr, Ash-Sha'bi, Ya'da ibn Hubayra, Muhammad ibn Qays y As-Suddi en una narración de Ibn Abbas e Ibn Masud y un grupo de Compañeros: Y los judíos afirman que es el trigo, y esto se relató de Ibn Abbas, Al-Hasan Al-Basri, Wahb ibn Munabbih, Atiya Al-Awfi, Abi Malik y Mahrib ibn Dithar, y Abdurrahman ibn Abi Layla. Y dijo Ath-Thawri de Abi Husayn, de Abi Malik: «No os acerquéis...».

## Capítulo: Mención de Idrís, que la paz sea con él

Dijo Alá, el Exaltado: {Y menciona en el Libro a Idrís. En verdad, él era un veraz, un profeta. Y le elevamos a un lugar excelso.} [19: Maryam: 56-57]. Idrís, que la paz sea con él, ha sido alabado por Alá, Quien lo describió con la profecía y la veracidad, y él es este Enoch. Y está en la columna del linaje del Mensajero de Alá, que la paz y las bendiciones de Alá sean con él, según lo mencionado por más de uno de los eruditos del genealogía. Y fue el primero de los hijos de Adán en recibir la profecía, después de Adán y Set, que la paz sea con ellos. Y mencionó Ibn Ishaq que fue el primero en escribir con pluma, y que alcanzó de la vida de Adán trescientas sesenta y ocho años. Y ha dicho un grupo de la gente: Que es a quien se alude en el hadiz de Muawiya ibn Al-Hakam As-Sulami, cuando preguntó al Mensajero de Alá, que la paz y las bendiciones de Alá sean con él, sobre el geomántico, y dijo: «Ciertamente, era un profeta que lo trazaba; quien coincida con su trazo, eso es». Y muchos de los eruditos de la exégesis y los juicios afirman que fue el primero en hablar de eso, y lo llaman Hermes de los hermetistas, y mienten sobre él muchas cosas, como mintieron sobre otros profetas, eruditos, sabios y santos. Y Su dicho, el Exaltado: {Y le elevamos a un lugar excelso}, es como se ha establecido en los dos Sahih, en el hadiz del Isra: que el Mensajero de Alá, que la paz y las bendiciones de Alá sean con él, pasó por él y estaba en el cuarto cielo. Y relató Ibn Yarrir, de Yunus, de Abd Al-Ala, de Ibn Wahb, de Yarrir ibn Hazim, de Al-Aamash, de Shamr ibn Atiyya, de Hilal ibn Yasaf, quien dijo: Ibn Abbas preguntó a Kaab, y yo estaba presente, y le dijo: ¿Qué dice Alá, el Exaltado, sobre Idrís: {Y le elevamos a un lugar excelso}? Dijo Kaab: En cuanto a Idrís, Alá le inspiró: Te elevaré cada día el equivalente a toda la obra de los hijos de Adán, para que sea de los mejores de su tiempo. Así que deseó aumentar su obra, y vino a él un amigo suyo de los ángeles. Le dijo: Alá me ha inspirado tal y tal. Así que habló con el Ángel de la Muerte hasta que aumentó su obra. Lo llevó entre sus alas, luego ascendió con él al cielo. Cuando estaba en el cuarto cielo, el Ángel de la Muerte lo encontró descendiendo, y habló con el Ángel de la Muerte sobre lo que había hablado con Idrís. Dijo: ¿Y dónde está Idrís? Dijo: Está aquí en mi espalda. Dijo el Ángel de la Muerte: Qué maravilla, me enviaron y se me dijo: Toma el alma de Idrís en el cuarto cielo. Y me dije: ¿Cómo tomo su alma en el cuarto cielo, si está en la tierra? Así que tomó su alma allí. Eso es el dicho de Alá, el Poderoso y Majestuoso: {Y le elevamos a un lugar excelso}. Y lo relató Ibn Abi Hatim en su Tafsir, y en él: Así que le dijo a ese ángel: Pide por mí al Ángel de la Muerte cuánto me queda de vida. Lo preguntó mientras estaba con él: ¿Cuánto le queda de su vida? Dijo: No lo sé hasta que mire. Miró y dijo: Me preguntas sobre un hombre del que no le queda de su vida más que el parpadeo de un ojo. El ángel miró bajo su ala, hacia Idrís, y allí estaba, ya tomado su alma, sin que se diera cuenta. Y esto es de las israelíyat, y en parte de él hay extrañeza. Y dijo Ibn Abi Nujayh, de Mujahid, en Su dicho: {Y le elevamos a un lugar excelso}. Dijo: Elevado sin morir, como se elevó a Jesús. Si quiere decir que no ha muerto hasta ahora, hay objeción en esto; y si quiere decir que fue elevado vivo al cielo y luego tomado allí, no contradice lo anterior de Kaab Al-Ahbar, y Alá sabe mejor. Y dijo Al-Awfi, de Ibn Abbas, en Su dicho: {Y le elevamos a un lugar excelso}: Elevado al sexto cielo, y murió allí. Y así dijo Ad-Dahhak. Y el hadiz acordado de que está en el cuarto cielo es más correcto. Y es la opinión de Mujahid y otros muchos. Y dijo Al-Hasan Al-Basri: {Y le elevamos a un lugar excelso}: Dijo: Al Paraíso. Y dijeron algunos: Elevado en vida de su padre, Yarid ibn Mahlayil, y Alá sabe mejor. Y ha afirmado algunos de ellos que Idrís no fue antes de Noé, sino en el tiempo de los Hijos de Israel. Dijo Al-Bujari: Y se menciona de Ibn Masud e Ibn Abbas que Elías es Idrís, y se complacieron con eso, por lo que vino en el hadiz de Az-Zuhri, de Anas en el Isra: que cuando pasó por él, que la paz sea con él, le dijo: Bienvenido el hermano piadoso, el profeta piadoso, y no dijo como dijo Adán e Ibrahim: Bienvenido el profeta piadoso, el hijo piadoso. Dijeron: Si estuviera en su columna de linaje, le habría dicho como le dijo. Y esto no indica, ni es necesario, porque quizás el narrador no lo preservó bien. O quizás se lo dijo, por vía de condescendencia y humildad, y no se erigió ante él en el rango de paternidad, como se erigió ante Adán, padre de los humanos, e Ibrahim, que es el Amigo del Misericordioso, y el mayor de los de determinación firme, después de Muhammad, que las oraciones de Alá sean sobre ellos todos.

## Capítulo: La historia de Noé, que la paz sea con él

Dijo Alá, el Exaltado: {Ciertamente, enviamos a Noé a su pueblo y dijo: «¡Oh, pueblo mío! ¡Adorad a Alá! No tenéis otro dios que Él. En verdad, temo sobre vosotros el castigo de un Día Tremendo». Dijo el consejo de su pueblo, los que no creían y desmentían el encuentro en la otra vida y a quienes habíamos dado el lujo en la vida de este mundo: «Éste no es más que un ser humano como vosotros; quiere ser preferido sobre vosotros. Y si Alá quisiera, enviaría ángeles. No hemos oído de esto entre nuestros antepasados. No es sino un hombre poseído. Así que esperad un poco». Dijo Noé: «¡Señor mío! ¡Ayúdame, pues me han desmentido!». Así le inspiramos: «¡Construye el arca bajo Nuestra mirada y Nuestra revelación! Y cuando llegue Mi orden y se abra la fuente, cárgala con parejas de cada especie, y a tu familia, excepto a quienes haya alcanzado el decreto. Y no Me ruegues por los que han sido injustos; en verdad, serán destruidos con fuego. Y cuando te hayas sentado en ella tú y los que contigo están, di: «¡Alabado sea Alá, Quien nos ha salvado de un pueblo injusto!». Y di: «¡Señor mío! ¡Haz que mi descenso sea bueno! Tú eres el Mejor de los que hacen descender». En verdad, en eso hay signos. Y si ellos quisieran, les haríamos gustar un castigo desde el cielo y el suelo. Pero en verdad, tu Señor es el Rico, el Misericordioso. Y ciertamente, les ha llegado la noticia, pero se envuelven en su cobertura. Y dijeron: «¡Oh, Noé! Has discutido con nosotros y has prolongado tu discusión con nosotros, así que tráenos lo con que nos amenazas, si eres de los veraces». Dijo: «Sólo Alá os lo traerá, si quiere, y no podréis escapárselo. Mi consejo no os sirve si quiero aconsejaros, si Alá quiere que os extravíe. Él es vuestro Señor, y a Él seréis reunidos». Y dijeron: «¡Oh, Noé! ¿Has venido a discutir con nosotros y has prolongado tu discusión con nosotros? Así que tráenos lo con que nos amenazas, si eres de los veraces». Dijo: «Os traerá Alá, si quiere, y no podréis escapárselo. Mi consejo no os sirve si quiero aconsejaros, si Alá quiere que os extravíe. Él es vuestro Señor, y a Él seréis reunidos». Dijo: «¡Oh, pueblo mío! ¿Acaso os es difícil que sea misericordioso conmigo, mientras que vosotros me desmentís? En verdad, el Dios de los mundos es el Perdonador, el Misericordioso». Dijo: «¡Oh, pueblo mío! No os pido por ello bienes ni nada de lo que podáis alcanzar. Mi recompensa sólo está en Alá. Y no seré de los que os siguen. Y no puedo ahuyentaros de Él. Si me alejo, no podré ahuyentaros de Él. En verdad, mi Señor es Sabio, Omnisciente». Dijo: «Si os apartáis de mí, no os pido por ello nada; mi recompensa está en Alá. Y me ha sido ordenado que sea de los que se someten». Pero le dijeron: «¡Oh, Noé! Nos has desmentido, así que tráenos lo con que nos amenazas, y no nos verás demorarnos si eres de los veraces». Dijo: «Sólo Alá os lo traerá, si quiere, y no podréis escapárselo. Mi consejo no os sirve si quiero aconsejaros, si Alá quiere que os extravíe. Él es vuestro Señor, y a Él seréis reunidos». Y dijeron: «¡Oh, Noé! ¿Has venido a discutir con nosotros y has prolongado tu discusión con nosotros? Así que tráenos lo con que nos amenazas, si eres de los veraces». Dijo: «Os traerá Alá, si quiere, y no podréis escapárselo. Mi consejo no os sirve si quiero aconsejaros, si Alá quiere que os extravíe. Él es vuestro Señor, y a Él seréis reunidos». Dijo: «¡Oh, pueblo mío! ¿Acaso os es difícil que sea misericordioso conmigo, mientras que vosotros me desmentís? En verdad, el Dios de los mundos es el Perdonador, el Misericordioso». Dijo: «¡Oh, pueblo mío! No os pido por ello bienes ni nada de lo que podáis alcanzar. Mi recompensa sólo está en Alá. Y no seré de los que os siguen. Y no puedo ahuyentaros de Él. Si me alejo, no podré ahuyentaros de Él. En verdad, mi Señor es Sabio, Omnisciente». Dijo: «Si os apartáis de mí, no os pido por ello nada; mi recompensa está en Alá. Y me ha sido ordenado que sea de los que se someten». Pero le dijeron: «¡Oh, Noé! Nos has desmentido, así que tráenos lo con que nos amenazas, y no nos verás demorarnos si eres de los veraces». Dijo: «Sólo Alá os lo traerá, si quiere, y no podréis escapárselo. Mi consejo no os sirve si quiero aconsejaros, si Alá quiere que os extravíe. Él es vuestro Señor, y a Él seréis reunidos».} [11 / Hud: 25-49] Y dijo el Exaltado: {Y construimos el arca bajo Nuestra mirada y Nuestra revelación, mientras que cada vez que pasaba por ellos el consejo de su pueblo, se burlaban de él. Dijo: «Si os burláis de nosotros, nosotros nos burlaremos de vosotros como os burláis. Y sabréis a quién le toca el castigo que lo avergüence, y sobre quién descienda el castigo eterno». Hasta que llegó Nuestra orden y hirvió la fuente. Dijimos: «Cárgala con parejas de cada especie, y a tu familia, excepto a quien haya precedido contra él la palabra, y a quienes crean». Y no creían con él más que unos pocos.} [11 / Hud: 37-40] Y dijo el Exaltado: {Y le salvamos, él y a los que con él estaban en la barca cargada. Luego ahogamos a los que desmintieron después de eso. En verdad, eran un pueblo ignorante.} [10 / Yunus: 73] Y dijo el Exaltado: {Y enviamos a Noé a su pueblo, y permaneció entre ellos mil años menos cincuenta, y les vino el Diluvio mientras eran injustos.} [29 / Al-Ankabut: 14] Y dijo el Exaltado: {Y ciertamente, enviamos a Noé a su pueblo antes. Dijo: «¡Oh, pueblo mío! ¡Adorad a Alá! No tenéis otro dios que Él. En verdad, temo sobre vosotros el castigo del Día de un término». Dijo el consejo de su pueblo, los que no creían y desmentían el encuentro en la otra vida y a quienes habíamos dado el lujo en la vida de este mundo: «Éste no es más que un ser humano como vosotros; quiere ser preferido sobre vosotros. Y si Alá quisiera, enviaría ángeles. No hemos oído de esto entre nuestros antepasados. No es sino un hombre poseído. Así que esperad un poco». Dijo Noé: «¡Señor mío! ¡Ayúdame, pues me han desmentido!». Así le inspiramos: «¡Construye el arca bajo Nuestra mirada y Nuestra revelación! Y cuando llegue Mi orden y se abra la fuente, cárgala con parejas de cada especie, y a tu familia, excepto a quienes haya alcanzado el decreto. Y no Me ruegues por los que han sido injustos; en verdad, serán destruidos con fuego. Y cuando te hayas sentado en ella tú y los que contigo están, di: «¡Alabado sea Alá, Quien nos ha salvado de un pueblo injusto!». Y di: «¡Señor mío! ¡Haz que mi descenso sea bueno! Tú eres el Mejor de los que hacen descender». En verdad, en eso hay signos. Y si ellos quisieran, les haríamos gustar un castigo desde el cielo y el suelo. Pero en verdad, tu Señor es el Rico, el Misericordioso.»} [11 / Hud: 25-31] Y dijo el Exaltado: {Y construimos el arca bajo Nuestra mirada y Nuestra revelación, mientras que cada vez que pasaba por ellos el consejo de su pueblo, se burlaban de él. Dijo: «Si os burláis de nosotros, nosotros nos burlaremos de vosotros como os burláis. Y sabréis a quién le toca el castigo que lo avergüence, y sobre quién descienda el castigo eterno». Hasta que llegó Nuestra orden y hirvió la fuente. Dijimos: «Cárgala con parejas de cada especie, y a tu familia, excepto a quien haya precedido contra él la palabra, y a quienes crean». Y no creían con él más que unos pocos. Dijo: «¡Subid a ella! En el nombre de Alá su curso y su amarre. En verdad, mi Señor es Perdonador, Misericordioso. Y la hace navegar con ellos entre olas como montañas. Y Noé vio a su hijo en un lugar lejano y dijo: «¡Hijo mío! ¡Sube con nosotros y no estés con los incrédulos!». Dijo: «Me refugiaré en una montaña que me protegerá de el agua». Dijo: «No hay protector hoy de la orden de Alá, excepto a quien tenga misericordia». Y se interpuso una ola entre ellos, y fue de los ahogados. Y se dijo:

«¡Oh, tierra! ¡Absorbe tu agua, y tú, oh cielo! ¡Reténte!». Y se retiró el agua, y se decidió el asunto, y se posó en el Yudi. Y se dijo: «¡Lejos sea el pueblo injusto!». Y Noé invocó a su Señor y dijo: «¡Señor mío! En verdad, mi hijo es de mi familia, y en verdad, Tu promesa es verdadera, y Tú eres el más justo de los jueces». Dijo: «¡Oh, Noé! No es de tu familia; en verdad, es una obra no recta. Así que no Me pidas lo que no sabes. Te exhorto que no seas de los ignorantes». Dijo: «¡Señor mío! Me refugio en Ti de que Te pida lo que no sé. Y si no me perdonas y no tienes misericordia de mí, seré de los perdidos». Dijo: «¡Desciende con paz de Nosotros y bendiciones sobre ti y sobre pueblos de quienes estén contigo. Y habrá pueblos a quienes daremos lujo, luego les tocará de Nosotros un castigo doloroso».} [11 / Hud: 37-48] Y dijo el Exaltado: {Y fue entre los que creyeron y dijo a su pueblo: «¿No teméis? Yo soy para vosotros un mensajero digno de confianza, así que temed a Alá y obedecedme. Y no os pido por ello recompensa alguna; mi recompensa está en el Señor de los mundos. Así que purificaos para mí purificándoos».} [26 / Ash-Shu'ara: 106-111] Y dijo el Exaltado: {Y enviamos a Noé a su pueblo: «¡Oh, pueblo mío! ¡Adorad a Alá! No tenéis otro dios que Él. En verdad, os temo el castigo del Día de un término». Dijo el consejo de su pueblo, los que no creían y desmentían el encuentro en la otra vida y a quienes habíamos dado el lujo en la vida de este mundo: «Éste no es más que un ser humano como vosotros; quiere ser preferido sobre vosotros. Y si Alá quisiera, enviaría ángeles. No hemos oído de esto entre nuestros antepasados. No es sino un hombre poseído. Así que esperad un poco». Dijo Noé: «¡Señor mío! ¡Ayúdame, pues me han desmentido!». Así le inspiramos: «¡Construye el arca bajo Nuestra mirada y Nuestra revelación! Y cuando llegue Mi orden y se abra la fuente, cárgala con parejas de cada especie, y a tu familia, excepto a quienes haya alcanzado el decreto. Y no Me ruegues por los que han sido injustos; en verdad, serán destruidos con fuego. Y cuando te hayas sentado en ella tú y los que contigo están, di: «¡Alabado sea Alá, Quien nos ha salvado de un pueblo injusto!». Y di: «¡Señor mío! ¡Haz que mi descenso sea bueno! Tú eres el Mejor de los que hacen descender». En verdad, en eso hay signos. Y si ellos quisieran, les haríamos gustar un castigo desde el cielo y el suelo. Pero en verdad, tu Señor es el Rico, el Misericordioso.»} [23 / Al-Mu'minun: 23-31] Y dijo el Exaltado: {Y ciertamente, enviamos a Noé a su pueblo y dijo: «¡Oh, pueblo mío! ¡Adorad a Alá! No tenéis otro dios que Él. En verdad, os temo el castigo del Día de un término». Dijo el consejo de su pueblo, los que no creían y desmentían el encuentro en la otra vida y a quienes habíamos dado el lujo en la vida de este mundo: «Éste no es más que un ser humano como vosotros; quiere ser preferido sobre vosotros. Y si Alá quisiera, enviaría ángeles. No hemos oído de esto entre nuestros antepasados. No es sino un hombre poseído. Así que esperad un poco».} [71 / Nuh: 1-7] {Construye el arca bajo Nuestra mirada y Nuestra revelación. Y cuando llegue Nuestra orden y hierva la fuente, cárgala con parejas de cada especie, y a tu familia, excepto a quien haya precedido contra él la palabra. Y no Me ruegues por los que han sido injustos; en verdad, serán destruidos con fuego. Luego, cuando te hayas sentado en ella tú y los que contigo están, di: «¡Alabado sea Alá, Quien nos ha salvado de un pueblo injusto!». Y di: «¡Señor mío! ¡Haz que mi descenso sea bueno! Tú eres el Mejor de los que hacen descender». En verdad, en eso hay signos. Y si ellos quisieran, les haríamos gustar un castigo desde el cielo y el suelo. Pero en verdad, tu Señor es el Rico, el Misericordioso. En verdad, les ha llegado la noticia, pero se envuelven en su cobertura. Y dijeron: «¡Oh, Noé! Has discutido con nosotros y has prolongado tu discusión con nosotros, así que tráenos lo con que nos amenazas, si eres de los veraces». Dijo: «Sólo Alá os lo traerá, si quiere, y no podréis escapárselo. Mi consejo no os sirve si quiero aconsejaros, si Alá quiere que os extravíe. Él es vuestro Señor, y a Él seréis reunidos». Y dijeron: «¡Oh, Noé! ¿Has venido a discutir con nosotros y has prolongado tu discusión con nosotros? Así que tráenos lo con que nos amenazas, si eres de los veraces». Dijo: «Os traerá Alá, si quiere, y no podréis escapárselo. Mi consejo no os sirve si quiero aconsejaros, si Alá quiere que os extravíe. Él es vuestro Señor, y a Él seréis reunidos».} [71 / Nuh: 8-21] Y dijo el Exaltado: {Y Noé invocó a su Señor y dijo: «¡Señor mío! No dejes en la tierra a ningún incrédulo. En verdad, si los dejas, extraviarán a Tus siervos y no engendrarán sino a gente depravada, incrédula. ¡Señor mío! ¡Perdóname, y a mis padres, y a quien entre en mi casa creyendo, y a las mujeres creyentes, y a los hombres creyentes, y a los que sigan después».} [71 / Nuh: 26-28] Y dijo el Exaltado: {Y enviamos a Noé a su pueblo: «¡Oh, pueblo mío! ¡Adorad a Alá! No tenéis otro dios que Él. En verdad, os temo el castigo del Día de un término». Dijo el consejo de su pueblo, los que no creían y desmentían el encuentro en la otra vida y a quienes habíamos dado el lujo en la vida de este mundo: «Éste no es más que un ser humano como vosotros; quiere ser preferido sobre vosotros. Y si Alá quisiera, enviaría ángeles. No hemos oído de esto entre nuestros antepasados. No es sino un hombre poseído. Así que esperad un poco». Dijo Noé: «¡Señor mío! ¡Ayúdame, pues me han desmentido!». Así le inspiramos: «¡Construye el arca bajo Nuestra mirada y Nuestra revelación! Y cuando llegue Mi orden y se abra la fuente, cárgala con parejas de cada especie, y a tu familia, excepto a quienes haya alcanzado el decreto. Y no Me ruegues por los que han sido injustos; en verdad, serán destruidos con fuego. Y cuando te hayas sentado en ella tú y los que contigo están, di: «¡Alabado sea Alá, Quien nos ha salvado de un pueblo injusto!». Y di: «¡Señor mío! ¡Haz que mi descenso sea bueno! Tú eres el Mejor de los que hacen descender». En verdad, en eso hay signos. Y si ellos quisieran, les haríamos gustar un castigo desde el cielo y el suelo. Pero en verdad, tu Señor es el Rico, el Misericordioso.»} [23 / Al-Mu'minun: 23-31] Y dijo el Exaltado: {Y ciertamente, enviamos a Noé a su pueblo y dijo: «¡Oh, pueblo mío! ¡Adorad a Alá! No tenéis otro dios que Él. En verdad, os temo el castigo del Día de un término». Dijo el consejo de su pueblo, los que no creían y desmentían el encuentro en la otra vida y a quienes habíamos dado el lujo en la vida de este mundo: «Éste no es más que un ser humano como vosotros; quiere ser preferido sobre vosotros. Y si Alá quisiera, enviaría ángeles. No hemos oído de esto entre nuestros antepasados. No es sino un hombre poseído. Así que esperad un poco».} [71 / Nuh: 1-7]} Construye el arca bajo Nuestra mirada y Nuestra revelación. Y cuando llegue Nuestra orden y hierva la fuente, cárgala con parejas {Construye el arca bajo Nuestra mirada y Nuestra revelación. Y cuando llegue Nuestra orden y hierva la fuente, cárgala con parejas de cada especie, y a tu familia, excepto a quien haya precedido contra él la palabra. Y no Me ruegues por los que han sido injustos; en verdad, serán destruidos con fuego. Luego, cuando te hayas sentado en ella tú y los que contigo están, di: «¡Alabado sea Alá, Quien nos ha salvado de un pueblo injusto!». Y di: «¡Señor mío! ¡Haz que mi descenso sea bueno! Tú eres el Mejor de los que hacen descender». En verdad, en eso hay signos. Y si ellos quisieran, les haríamos gustar un castigo desde el cielo y el suelo. Pero en verdad, tu Señor es el Rico, el Misericordioso. En verdad, les ha llegado la noticia, pero se envuelven en su cobertura. Y dijeron: «¡Oh,

Noé! Has discutido con nosotros y has prolongado tu discusión con nosotros, así que tráenos lo con que nos amenazas, si eres de los veraces». Dijo: «Sólo Alá os lo traerá, si quiere, y no podréis escapárselo. Mi consejo no os sirve si quiero aconsejaros, si Alá quiere que os extravíe. Él es vuestro Señor, y a Él seréis reunidos». Y dijeron: «¡Oh, Noé! ¿Has venido a discutir con nosotros y has prolongado tu discusión con nosotros? Así que tráenos lo con que nos amenazas, si eres de los veraces». Dijo: «Os traerá Alá, si quiere, y no podréis escapárselo. Mi consejo no os sirve si quiero aconsejaros, si Alá quiere que os extravíe. Él es vuestro Señor, y a Él seréis reunidos».} [71 / Nuh: 8-21] Y dijo el Exaltado: {Y Noé invocó a su Señor y dijo: «¡Señor mío! No dejes en la tierra a ningún incrédulo. En verdad, si los dejas, extraviarán a Tus siervos y no engendrarán sino a gente depravada, incrédula. ¡Señor mío! ¡Perdóname, y a mis padres, y a quien entre en mi casa creyendo, y a las mujeres creyentes, y a los hombres creyentes, y a los que sigan después».} [71 / Nuh: 26-28] Y dijo el Exaltado: {Y construimos el arca bajo Nuestra mirada y Nuestra revelación, mientras que cada vez que pasaba por ellos el consejo de su pueblo, se burlaban de él. Dijo: «Si os burláis de nosotros, nosotros nos burlaremos de vosotros como os burláis. Y sabréis a quién le toca el castigo que lo avergüence, y sobre quién descienda el castigo eterno». Hasta que llegó Nuestra orden y hirvió la fuente. Dijimos: «Cárgala con parejas de cada especie, y a tu familia, excepto a quien haya precedido contra él la palabra, y a quienes crean». Y no creían con él más que unos pocos. Dijo: «¡Subid a ella! En el nombre de Alá su curso y su amarre. En verdad, mi Señor es Perdonador, Misericordioso. Y la hace navegar con ellos entre olas como montañas. Y Noé vio a su hijo en un lugar lejano y dijo: «¡Hijo mío! ¡Sube con nosotros y no estés con los incrédulos!». Dijo: «Me refugiaré en una montaña que me protegerá del agua». Dijo: «No hay protector hoy de la orden de Alá, excepto a quien tenga misericordia». Y se interpuso una ola entre ellos, y fue de los ahogados. Y se dijo: «¡Oh, tierra! ¡Absorbe tu agua, y tú, oh cielo! ¡Reténte!». Y se retiró el agua, y se decidió el asunto, y se posó en el Yudi. Y se dijo: «¡Lejos sea el pueblo injusto!». Y Noé invocó a su Señor y dijo: «¡Señor mío! En verdad, mi hijo es de mi familia, y en verdad, Tu promesa es verdadera, y Tú eres el más justo de los jueces». Dijo: «¡Oh, Noé! No es de tu familia; en verdad, es una obra no recta. Así que no Me pidas lo que no sabes. Te exhorto que no seas de los ignorantes». Dijo: «¡Señor mío! Me refugio en Ti de que Te pida lo que no sé. Y si no me perdonas y no tienes misericordia de mí, seré de los perdidos». Dijo: «¡Desciende con paz de Nosotros y bendiciones sobre ti y sobre pueblos de quienes estén contigo. Y habrá pueblos a quienes daremos lujo, luego les tocará de Nosotros un castigo doloroso».} [11 / Hud: 37-48] Y dijo el Exaltado: {Y enviamos a Noé a su pueblo: «¡Oh, pueblo mío! ¡Adorad a Alá! No tenéis otro dios que Él. En verdad, os temo el castigo del Día de un término». Dijo el consejo de su pueblo, los que no creían y desmentían el encuentro en la otra vida y a quienes habíamos dado el lujo en la vida de este mundo: «Éste no es más que un ser humano como vosotros; quiere ser preferido sobre vosotros. Y si Alá quisiera, enviaría ángeles. No hemos oído de esto entre nuestros antepasados. No es sino un hombre poseído. Así que esperad un poco». Dijo Noé: «¡Señor mío! ¡Ayúdame, pues me han desmentido!». Así le inspiramos: «¡Construye el arca bajo Nuestra mirada y Nuestra revelación! Y cuando llegue Mi orden y se abra la fuente, cárgala con parejas de cada especie, y a tu familia, excepto a quienes haya alcanzado el decreto. Y no Me ruegues por los que han sido injustos; en verdad, serán destruidos con fuego. Y cuando te hayas sentado en ella tú y los que contigo están, di: «¡Alabado sea Alá, Quien nos ha salvado de un pueblo injusto!». Y di: «¡Señor mío! ¡Haz que mi descenso sea bueno! Tú eres el Mejor de los que hacen descender». En verdad, en eso hay signos. Y si ellos quisieran, les haríamos gustar un castigo desde el cielo y el suelo. Pero en verdad, tu Señor es el Rico, el Misericordioso.»} [23 / Al-Mu'minun: 23-31] Y dijo el Exaltado: {Y enviamos a Noé a su pueblo y dijo: «¡Oh, pueblo mío! ¡Adorad a Alá! No tenéis otro dios que Él. En verdad, os temo el castigo del Día de un término». Dijo el consejo de su pueblo, los que no creían y desmentían el encuentro en la otra vida y a quienes habíamos dado el lujo en la vida de este mundo: «Éste no es más que un ser humano como vosotros; quiere ser preferido sobre vosotros. Y si Alá quisiera, enviaría ángeles. No hemos oído de esto entre nuestros antepasados. No es sino un hombre poseído. Así que esperad un poco».} [71 / Nuh: 1-7]

Ésta es la mención de la historia de Noé en varios lugares del Corán, y hemos hablado de ello en el Tafsir. Mencionaremos aquí el resumen de lo que indican estos nobles versos, y lo relacionado con ellos de los hadices transmitidos del Mensajero de Alá, que la paz y las bendiciones de Alá sean con él, con la ayuda de Alá. Alá, el Exaltado, informó que envió a Noé a su pueblo, y permaneció entre ellos nueve centenares y cincuenta años, llamándoles a la adoración de Alá solo, y al abandono de la adoración de los ídolos, y les advirtió del castigo si no obedecían. Pero el consejo de su pueblo, que eran los líderes y los poderosos entre ellos, le desmintieron, y le acusaron de ser un ser humano como ellos que quería ser preferido sobre ellos, y que si Alá quisiera, enviaría ángeles, y que no habían oído eso de sus antepasados, y que era un hombre poseído. Y le dijeron: Esperad un poco, y verás lo que os hacemos. Y le dijeron: Si Alá quisiera, enviaría ángeles, como si dijeran: Si fuéramos merecedores de la guía, nos habría guiado con un mensajero de los ángeles, no de los humanos. Y esto es de la ignorancia y la incredulidad, porque Alá, el Exaltado, envía a los mensajeros de su especie para que sean testigos sobre ellos, como dijo: {Alá sabe mejor dónde colocar Su mensaje}. Y Su sabiduría en eso es manifiesta. Y su dicho: No hemos oído de esto entre nuestros antepasados, es decir, no hemos oído que Alá envíe un mensajero humano que ordene abandonar la adoración de los ídolos y la adoración de lo que no beneficia ni daña. Y esto es de la imitación ciega de los padres, que es la raíz de la incredulidad y la desviación. Y su dicho: No es sino un hombre poseído, es decir, loco, y esto es de la burla y el menosprecio. Entonces Noé invocó a su Señor: ¡Ayúdame, pues me han desmentido! Así le ordenó Alá que construyera el arca, y le informó de lo que sería de su asunto y de su pueblo. Y le dijo: No Me ruegues por los que han sido injustos; en verdad, serán destruidos con fuego. Es decir, no intercedas por ellos, porque su destrucción es inevitable. Y cuando subió al arca él y los creyentes con él, y los que cargó de las parejas de cada especie, dijo: ¡Alabado sea Alá, Quien nos ha salvado de un pueblo injusto! Y invocó: ¡Haz que mi descenso sea bueno! Y el significado de {se abra la fuente} es que se abrió la fuente del agua de la tierra, y se rompieron los diques del cielo, y descendió una lluvia copiosa, hasta que el agua subió sesenta codos sobre las montañas más altas, y perecieron todos los incrédulos, hombres y genios, y salvó Alá a Noé y a los creyentes en el arca. Y cuando se calmó el asunto, se posó el arca en el Yudi, que es el monte Yudi, y es una montaña en Armenia, cerca de Mosul. Y relató Al-Bujari y Muslim de Abu Hurayra, que el Mensajero de Alá, que la paz y las bendiciones de Alá sean con él, dijo: «Cuando el Diluvio de Noé terminó, le dijo: «¡Oh, Noé! Desciende con paz de Nosotros y bendiciones sobre ti y sobre pueblos de quienes estén contigo». Y el Diluvio fue en el mes de Rajab». Y relató Muslim de Abu Hurayra, que el Mensajero de Alá, que la paz y las bendiciones de Alá sean con él, dijo: «Hubo entre Adán y Noé diez generaciones, todas en el camino recto». Y relató Al-Bujari de Ibn Abbas, que el Profeta, que la paz y las bendiciones de Alá sean con él, dijo: «Diez generaciones entre Adán y Noé, todas en el camino recto». Y en el hadiz de Abu Hurayra, acordado, que el Mensajero de Alá, que la paz y las bendiciones de Alá sean con él, dijo: «Los profetas son hermanos paternos; tienen una misma religión, pero madres diferentes». Y relató At-Tirmidhi, de Abu Hurayra, que el Mensajero de Alá, que la paz y las bendiciones de Alá sean con él, dijo: «Noé, que la paz sea con él, salió de la oración y llamó a una mujer, y ella dijo: Estoy menstruando. Dijo: Y eso es en tu religión». Y relató Al-Hakim, de Ibn Abbas, que el Profeta, que la paz y las bendiciones de Alá sean con él, dijo: «La imagen de los cinco de determinación firme es como un solo hombre». Y mencionó Ibn Ishaq, de Wahb ibn Munabbih, que Noé, que la paz sea con él, era de los descendientes de Set ibn Adán, y que su nombre era Nuh ibn Lamik ibn Mutawashilij ibn Idris ibn Yarid ibn Mahlayil ibn Qainan ibn Anush ibn Shet ibn Adán. Y dijo: Cuando los hijos de Adán se multiplicaron, y se corrompieron en la tierra, y adoraron ídolos, y el mal se extendió entre ellos, Alá envió a Noé, que la paz sea con él, y le ordenó que les llamara a la adoración de Alá solo, y les advirtió del castigo. Permaneció entre ellos llamándoles, en secreto y en público, nueve centenares y cincuenta años, y no cesó de llamarlos, pero no creyeron con él más que unos pocos. Y dijo: El primero que le desmintió fue su pueblo, y se burlaron de él, y le acusaron de locura, y le dijeron: Si Alá quisiera, enviaría ángeles. Y le dijeron: ¿Por qué no desciendes sobre nosotros un signo de tu Señor? Y le dijeron: Si no nos muestras lo con que nos amenazas, no te creeremos. Entonces invocó Noé a su Señor, y le dijo: ¡Ayúdame, pues me han desmentido! Así le reveló Alá: Construye el arca bajo Nuestra mirada y Nuestra revelación. Y le informó de lo que sería. Y construyó el arca en un lugar alto, y la gente pasaba por él riéndose y burlándose, y decían: ¿Construye un barco en la montaña? Y le decían: ¿Cuándo vendrá ese diluvio que nos amenazas? Y cuando terminó el arca, vino el diluvio, y se abrió la fuente de la tierra, y descendió la lluvia del cielo, y el agua subió, y perecieron todos los incrédulos. Y salvó Alá a Noé y a los creyentes, y a las parejas de cada animal. Y cuando terminó el diluvio, descendió del arca, y Alá multiplicó su descendencia, y de él descienden todos los humanos. Y relató Ibn Abbas, que Noé, que la paz sea con él, cuando descendió del arca, plantó una vid de un palo de olivo que estaba en el arca, y la regó con agua y jugo de uva, y germinó, y creció, y produjo fruto, y de él se hizo el vino, y los hijos de Adán bebieron y se emborracharon. Y en el hadiz de Abu Hurayra, que el Mensajero de Alá, que la paz y las bendiciones de Alá sean con él, maldijo al que hizo el vino, al que lo bebió, al que lo exprimió, al que lo transportó, al que lo vendió, al que lo compró, y al que se lo sirvió. Y relató Al-Bujari, de Ibn Abbas, que el Profeta, que la paz y las bendiciones de Alá sean con él, dijo: «Si el hijo de Adán cometiera un pecado y no se arrepintiera, Alá no lo castigaría hasta que muriera». Y esto es de las virtudes de Noé, que la paz sea con él, y de su larga vida, y de su paciencia con su pueblo. Y fue el primero de los profetas en ser enviado, y el primero de los cinco de determinación firme: Noé, Abraham, Moisés, Jesús y Muhammad, que las oraciones de Alá sean sobre ellos. Y Alá, el Exaltado, lo bendijo en su descendencia, y de él descienden los árabes y los persas y los romanos y todos           los                pueblos.

## Capítulo: La historia de Hud, que la paz sea con él

La historia de Hud, que la paz sea con él, y él es Hud ibn Shalaj ibn Arfajsad ibn Sam ibn Nuh, que la paz sea con él. Y se dice que Hud es Eber ibn Shalaj ibn Arfajsad ibn Sam ibn Nuh, y se dice Hud ibn Abdullah ibn Rabah Al-Yarud ibn Ad ibn Aws ibn Irm ibn Sam ibn Nuh, que la paz sea con él. Lo mencionó Ibn Yarrir. Y era de una tribu llamada Ad ibn Awda ibn Sam ibn Nuh. Y eran árabes que habitaban las Ahqaf —que son las montañas de arena— y estaban en el Yemen, entre Umán y Hadramaut, en una tierra que da al mar llamada Ash-Shajr, y el nombre de su valle era Mughis. Y a menudo habitaban tiendas con columnas gruesas, como dijo el Exaltado: «¿No has visto cómo obró tu Señor con Ad, Irm de las columnas», es decir, Ad Irm, y ellos son la Ad primera. En cuanto a la Ad segunda, es posterior, como vendrá su explicación en su lugar. Y en cuanto a la Ad primera, son la Ad «Irm de las columnas, la que no fue creada como ella en las regiones», es decir, como la tribu, y se dijo como las columnas. Y lo correcto es lo primero, como lo explicamos en el Tafsir. Y quien afirme que «Irm» es una ciudad que gira por la tierra, a veces en el Levante, a veces en el Yemen, a veces en el Hiyaz, y a veces en otros lugares, ha exagerado, y ha dicho lo que no tiene prueba, ni argumento en que apoyarse, ni base en que reclinarse. Y en Sahih Ibn Hibban, de Abu Dharr, en su hadiz largo sobre la mención de los profetas y mensajeros, dijo en él: «De ellos cuatro de los árabes: Hud, Salih, Shu'ayb y tu Profeta, oh Abu Dharr». Y se dice que Hud, que la paz sea con él, fue el primero en hablar en árabe, y Wahb ibn Munabbih afirmó que su padre fue el primero en hablarla, y otros dijeron: El primero en hablarla fue Nuh, y se dijo Adán, y es lo más similar, y se dijo otra cosa. Y Alá sabe mejor. Y se llama a los árabes que estaban antes de Isma'il, que la paz sea con él, los árabes arúbigos, y son tribus numerosas: de ellos Ad,

Thamud, Yuraum, Tasm, Yudis; Amim, Midian, Amaliq, Ubayl, Yasim, Qahtan, y Banu Yaqtan, y otros. En cuanto a los árabes musta'ribah, son de la descendencia de Isma'il ibn Ibrahim, el Amigo, que la paz sea con ambos. Y fue Isma'il ibn Ibrahim, que la paz sea con ambos, el primero en hablar el árabe elocuente y fluido, y había aprendido el habla de los árabes de Yuraum, que se asentaron con su madre Hagar en el Haram, como vendrá su explicación en su lugar, si Alá quiere. Pero Alá le dio elocuencia en ella en el grado máximo de fluidez y expresión. Y así pronunciaba el Mensajero de Alá, que la paz y las bendiciones de Alá sean con él. Y el propósito es que Ad —y son la Ad primera— fueron los primeros en adorar ídolos después del Diluvio. Y sus ídolos eran tres: Suda, Samuda, y Hara. Así que Alá envió entre ellos a su hermano Hud, que la paz sea con él, y les llamó a Alá, como dijo el Exaltado después de la mención del pueblo de Nuh y lo que fue de su asunto en la sura Al-A'raf: «Y a Ad, su hermano Hud. Dijo: ¡Oh, pueblo mío! ¡Adorad a Alá! No tenéis más dios que Él. ¿Acaso no teméis? Dijo la asamblea de su pueblo, los que no creían: En verdad, te vemos en una necedad, y en verdad, te consideramos de los mentirosos. Dijo: ¡Oh, pueblo mío! No hay en mí necedad, sino que soy mensajero del Señor de los mundos. Os transmito los mensajes de mi Señor, y soy para vosotros un consejero fiel. ¿O os asombráis de que os haya llegado un recordatorio de vuestro Señor a un hombre de vosotros para advertiros? Y recordad cuando os hizo sucesores después del pueblo de Nuh, y os dio una amplia creación. Así que recordad las gracias de Alá, para que prosperéis. Dijeron: ¿Has venido a nosotros para que adoremos a Alá solo y abandonemos lo que adoraban nuestros padres? Así que tráenos lo con que nos amenazas, si eres de los veraces. Dijo: Ha caído sobre vosotros de vuestro Señor indignación y cólera. ¿Disputáis conmigo en nombres que vosotros y vuestros padres habéis nombrado, de los que Alá no ha hecho autoridad alguna? Así que esperad, en verdad, estoy con vosotros de los que esperan. Así que lo salvamos a él y a los que con él estaban por misericordia Nuestra, y cortamos la raíz de los que desmintieron Nuestras señales y no eran creyentes». Y dijo el Exaltado después de la mención de la historia de Nuh en la sura Hud: «Y a Ad, su hermano Hud. Dijo: ¡Oh, pueblo mío! ¡Adorad a Alá! No tenéis más dios que Él. En verdad, no sois sino inventadores. ¡Oh, pueblo mío! No os pido por ello recompensa alguna; mi recompensa sólo está en Quien me creó. ¿Acaso no razonáis? Y ¡oh, pueblo mío! Pedid perdón a vuestro Señor, luego volvedos a Él arrepentidos; enviará sobre vosotros del cielo agua abundante, y os aumentará fuerza a vuestra fuerza. Y no os volváis criminales. Dijeron: ¡Oh, Hud! No nos has traído prueba, y no somos por abandonar a nuestros dioses por tu dicho, y no somos por ti creyentes. No decimos más que nos ha tocado algunos de nuestros dioses con mal por tu causa. Dijo: En verdad, testifico ante Alá, y testificad vosotros que estoy inocente de lo que asociáis aparte de Él. Así que tramad contra mí todos juntos, luego no me concedáis plazo. En verdad, me he confiado en Alá, mi Señor y vuestro Señor. No hay criatura sino que Él la tiene por su nuca. En verdad, mi Señor está sobre un camino recto. Así que si os volvéis, en verdad, os he transmitido lo con que fui enviado a vosotros. Y mi Señor hará suceder a vuestro pueblo a otro pueblo, y no le dañaréis en nada. En verdad, mi Señor es Preservador de todo. Y cuando vino Nuestra orden, salvamos a Hud y a los que creyeron con él por misericordia Nuestra, y los salvamos de un castigo terrible. Y ésa fue Ad; desmintieron las señales de su Señor, desobedecieron a Sus mensajeros y siguieron la orden de cada tirano obstinado. Y les siguió en esta vida una maldición, y el Día de la Resurrección: ¿No es Ad quien desmintió a su Señor? ¡Lejos sea Ad, pueblo de Hud!». Y dijo el Exaltado en la sura «Los creyentes han triunfado» después de la historia del pueblo de Nuh: «Luego suscitamos después de ellos otra generación. Y enviamos entre ellos a un mensajero de ellos: ¡Adorad a Alá! No tenéis más dios que Él. ¿Acaso no teméis? Y dijo la asamblea de su pueblo, los que no creían y desmentían el encuentro en la otra vida y a quienes habíamos dado lujo en la vida de este mundo: Éste no es más que un ser humano como vosotros; come de lo que coméis y bebe de lo que bebéis. ¿Y si obedecéis a un ser humano como vosotros, en verdad, seríais entonces perdedores? ¿Os promete que cuando muráis y os convertís en polvo y huesos, seréis sacados? ¡Qué lejos está, qué lejos lo que se os promete! No es sino nuestra vida de este mundo: morimos y vivimos, y no seremos resucitados. No es sino un hombre que ha inventado una mentira contra Alá, y no somos por él creyentes. Dijo: ¡Señor mío! ¡Ayúdame, pues me han desmentido! Dijo: Pronto se arrepentirán. Así que los tomó el Grito con la verdad, y los hicimos heno. ¡Lejos sea el pueblo de los injustos!». Y dijo el Exaltado en la sura Ash-Shu'ara después de la historia del pueblo de Nuh también: «Y Ad desmintió a los mensajeros. Cuando les dijo su hermano Hud: ¿Acaso no teméis? En verdad, soy para vosotros un mensajero fiel. Así que temed a Alá y obedecedme. Y no os pido por ello recompensa alguna; mi recompensa sólo está en el Señor de los mundos. ¿Construyéis en cada elevación un signo por diversión? Y tomáis refugios para que quizás perduréis. Y cuando agredís, agredís como tiranos. Así que temed a Alá y obedecedme. Y temed a Quien os ha provisto de lo que sabéis: os ha provisto de ganado e hijos, jardines y manantiales. En verdad, temo sobre vosotros el castigo de un Día Tremendo.

Dijeron: Nos es igual que nos amonestes o no seas de los amonestadores. Éste no es sino la creación de los antiguos. Y no seremos castigados. Así que lo desmintieron, y los destruimos. En verdad, en eso hay una señal, y no eran la mayoría creyentes. Y en verdad, tu Señor es el Poderoso, el Misericordioso». Y dijo el Exaltado en la sura Fussilat: «En cuanto a Ad, se llenaron de soberbia en la tierra sin derecho y dijeron: ¿Quién es más fuerte que nosotros en poder? ¿Acaso no ven que Alá, Quien los creó, es más fuerte que ellos en poder? Y eran de Nuestras señales negadores. Así que enviamos sobre ellos un viento helado en días nefastos, para que les hiciéramos gustar el castigo de la humillación en la vida de este mundo. Y el castigo de la otra vida es más humillante, y no serán socorridos». Y dijo el Exaltado en la sura Al-Ahqaf: «Y menciona al hermano de Ad cuando advirtió a su pueblo en las Ahqaf, y han pasado las advertencias antes de él y después de él: ¡No adoréis sino a Alá! En verdad, temo sobre vosotros el castigo de un Día Tremendo. Dijeron: ¿Has venido a nosotros para desviarnos de nuestros dioses? Así que tráenos lo con que nos amenazas, si eres de los veraces. Dijo: El conocimiento sólo está en Alá, y os transmito lo con que fui enviado. Pero os veo a vosotros un pueblo ignorante. Así que cuando lo vieron como una nube acercándose a sus valles, dijeron: Ésta es una nube que nos traerá lluvia. No, sino que es lo que habéis apresurado: un viento en él con un castigo doloroso, destruye todo por orden de su Señor, y amaneció no viéndose sino sus moradas». Ésta es la mención de la historia de Hud en varios lugares del Corán, y hemos hablado de todo ello en el Tafsir. Mencionaremos aquí el resumen de lo que indican estos nobles versos, y lo relacionado con ellos de los hadices transmitidos sobre ello del Mensajero de Alá, que la paz y las bendiciones de Alá sean con él, con la ayuda de Alá. Alá, el Exaltado, informó que envió a

Hud a su pueblo, Ad, y les llamó a adorar a Alá solo, y les advirtió del castigo si no obedecían. Pero su consejo, que eran los líderes y poderosos entre ellos, le desmintieron, y le acusaron de necedad y mentira, y le dijeron que si Alá quisiera, enviaría ángeles, y que no habían oído eso de sus antepasados. Y le dijeron: ¿Por qué no nos envías una prueba de tu Señor? Y le dijeron: Tráenos lo con que nos amenazas, si eres veraz. Entonces Hud invocó a su Señor: ¡Ayúdame, pues me han desmentido! Así le ordenó Alá que esperara, y le informó de lo que sería de su asunto y de su pueblo. Y les recordó las gracias de Alá sobre ellos: que los hizo sucesores después de Nuh, y les dio una amplia creación, y les proveyó de ganado, hijos, jardines y manantiales, y les dijo: Pedid perdón a vuestro Señor, luego volvedos a Él arrepentidos; enviará sobre vosotros del cielo agua abundante, y os aumentará fuerza a vuestra fuerza. Pero le dijeron: No nos has traído prueba, y no abandonaremos a nuestros dioses por tu dicho. Y dijeron: No decimos más que nos ha tocado algunos de nuestros dioses con mal por tu causa. Entonces Hud les dijo: Testifico ante Alá que estoy inocente de lo que asociáis aparte de Él. Así que tramad contra mí todos juntos, luego no me concedáis plazo. En verdad, me he confiado en Alá, mi Señor y vuestro Señor. No hay criatura sino que Él la tiene por su nuca. En verdad, mi Señor está sobre un camino recto. Así que si os volvéis, en verdad, os he transmitido lo con que fui enviado a vosotros. Y mi Señor hará suceder a vuestro pueblo a otro pueblo, y no le dañaréis en nada. En verdad, mi Señor es Preservador de todo. Y cuando vino la orden de Alá, los tomó un viento helado en días nefastos, y los destruyó, y perecieron todos los incrédulos. Y salvó Alá a Hud y a los creyentes con él por misericordia Nuestra. Y la Ad eran un pueblo de gran estatura y fuerza, y construían palacios en las montañas y refugios, y eran tiranos en la tierra sin derecho. Y adoraban ídolos, y negaban la resurrección y el encuentro en la otra vida. Y relató Al-Bujari y Muslim de Abu Hurayra, que el Mensajero de Alá, que la paz y las bendiciones de Alá sean con él, dijo: «La destrucción de Ad fue por un viento que Alá envió sobre ellos cuando se llenaron de soberbia». Y en el hadiz de Abu Dharr, que el Profeta, que la paz y las bendiciones de Alá sean con él, dijo: «De los árabes cuatro profetas: Hud, Salih, Shu'ayb y tu Profeta». Y esto es de las virtudes de Hud, que la paz sea con él, y de su paciencia con su pueblo, y de su llamada a la verdad. Y fue de los profetas árabes, y de los descendientes de Nuh, y de él descienden muchos pueblos.

## Capítulo: La historia de Salih, que la paz sea con él

La historia de Salih, que la paz sea con él, y él es el profeta de Thamud. Ellos son una tribu famosa, se les llama Thamud por el nombre de su abuelo Thamud, hermano de Yudis, y ambos son hijos de Athir ibn Irm ibn Sam ibn Nuh. Eran árabes de los árabes originales que habitaban Al-Hijr, que está entre Al-Hiyaz y Tabuk. Y el Mensajero de Alá, que la paz y las bendiciones de Alá sean con él, pasó por él cuando iba a Tabuk con los musulmanes que estaban con él, como se explicará en su lugar. Eran después del pueblo de Ad, y adoraban ídolos como aquéllos. Así que Alá envió entre ellos a un hombre de ellos, que es el siervo de Alá y Su mensajero: Salih ibn Ubaid ibn Masih ibn Ubaid ibn Hadr ibn Thamud ibn Athir ibn Irm ibn Nuh. Les llamó a la adoración de Alá solo, sin socio para Él, y a dejar los ídolos y los iguales, y no asociar nada con Él. Así que creyó en él un grupo de ellos, y la mayoría de ellos se negaron, y le atacaron con palabras y acciones, e intentaron matarlo, y mataron la camella que Alá hizo signo para ellos, así que Alá los tomó con el poder de un Poderoso, un Dominador. Como dijo el Exaltado en la sura Al-A'raf: {Y a Thamud [enviamos] a su hermano Salih. Dijo: «¡Oh, pueblo mío! ¡Adorad a Alá! No tenéis otro dios que Él. Os ha llegado una prueba clara de vuestro Señor. Esta camella de Alá es para vosotros una señal. Dejadla pastar en la tierra de Alá y no la toquéis con mal, porque os alcanzará un castigo doloroso. Y recordad cuando os hizo sucesores después de Ad y os estableció en la tierra: os tomáis de sus llanuras palacios y excaváis las montañas como casas. Recordad, pues, las gracias de Alá y no actuéis corruptamente en la tierra, sembrando desorden». Dijo la asamblea de su pueblo, los que se llenaron de soberbia, a los débiles, a los que creyeron de ellos: «¿Sabéis que Salih es un enviado de su Señor?». Dijeron: «En verdad, creemos en lo con que ha sido enviado». Dijo los que se llenaron de soberbia: «En verdad, nosotros negamos lo en que habéis creído». Así que degollaron la camella y se rebelaron contra la orden de su Señor, y dijeron: «¡Oh, Salih! ¡Tráenos lo con que nos amenazas, si eres de los enviados!». Así los tomó el terremoto, y amanecieron en sus moradas postrados. Y se apartó de ellos y dijo: «¡Oh, pueblo mío! En verdad, os he transmitido el mensaje de mi Señor y os he aconsejado sinceramente, pero vosotros no amáis a los consejeros sinceros».} [Al-A'raf: 73-79] Y dijo el Exaltado en la sura Hud: {Y a Thamud [enviamos] a su hermano Salih. Dijo: «¡Oh, pueblo mío! ¡Adorad a Alá! No tenéis otro dios que Él. Él os creó de la tierra y os estableció en ella. Pedidle perdón, luego volvedos a Él arrepentidos. En verdad, mi Señor está cerca, responde». Dijeron: «¡Oh, Salih! Eras entre nosotros objeto de esperanza antes de esto. ¿Nos prohíbes adorar lo que adoraban nuestros padres? Y en verdad, estamos, respecto a lo a que nos llamas, en duda inquietante». Dijo: «¡Oh, pueblo mío! ¿Veis? Si estoy sobre una prueba clara de mi Señor y me ha dado de Él una misericordia, ¿quién me defenderá de Alá si lo desobedezco? No hacéis más que aumentar mi pérdida. Y ¡oh, pueblo mío! Esta es la camella de Alá, para vosotros una señal. Dejadla pastar en la tierra de Alá y no la toquéis con mal, porque os alcanzará un castigo próximo». Así la degollaron y dijo: «¡Disfrutad en vuestras moradas tres días! Ésa es una promesa no desmentida». Así, cuando vino Nuestra orden, salvamos a Salih y a los que creyeron con él por misericordia Nuestra, y de la humillación de ese día. En verdad, tu Señor es el Poderoso, el Fuerte. Y los que fueron injustos, los tomó el Grito, y amanecieron en sus moradas postrados, como si no hubieran prosperado en ellas. ¿Acaso Thamud no negó a su Señor? ¡Lejos sea Thamud!} [Hud: 61-67] Y dijo el Exaltado en la sura Al-Hiyr: {Y ciertamente, los compañeros de Al-Hiyr desmintieron a los mensajeros. Les dimos Nuestras señales, pero se apartaron de ellas. Excavaban casas en las montañas, seguros. Así los tomó el Grito por la mañana, y no les valió lo que habían adquirido.} [Al-Hiyr: 80-84] Y dijo el Exaltado en la sura Al-Isra: {Y nada nos impidió enviar con las señales sino que las desmintieron los antiguos. Y dimos a Thamud la camella como prueba visible, pero fueron injustos con ella. Y no enviamos con las señales sino como advertencia.} [Al-Isra: 59] Y dijo el Exaltado en la sura Ash-Shu'ara: {Thamud desmintió a los mensajeros. Cuando les dijo su hermano Salih: «¿No teméis? En verdad, soy para vosotros un mensajero fiel. Temed, pues, a Alá y obedecedme. Y no os pido por ello recompensa alguna; mi recompensa sólo está en el Señor de los mundos. ¿Seréis dejados seguros en lo que aquí hay, en jardines y manantiales, y sembrados y palmeras con racimos flexibles, y excaváis casas en las montañas, lujosos? Temed, pues, a Alá y obedecedme. Y no obedezcáis la orden de los derrochadores, que siembran desorden en la tierra y no reforman». Dijeron: «No eres más que de los hechizados. No eres sino un hombre como nosotros. Trae, pues, una señal, si eres de los veraces».} [Ash-Shu'ara: 141-154] {Él dijo: «Ésta es una camella: tiene un día para beber, y tenéis un día para beber. Y no la toquéis con mal, porque os alcanzará el castigo de un Día Tremendo». Pero la degollaron, y se arrepintieron. Así los tomó el castigo. En verdad, en eso hay una señal, y no eran la mayoría creyentes. Y en verdad, tu Señor es el Poderoso, el Misericordioso».} [Ash-Shu'ara: 155-159] Y dijo el Exaltado en la sura An-Naml: {«¡Y a Thamud [enviamos] a Salih! Dijo: «¡Oh, pueblo mío! ¡Adorad a Alá! No tenéis otro dios que Él». Pero cuando vieron una nube acercándose a sus valles, dijeron: «Ésta es una nube que nos traerá lluvia». No, sino que es lo que habéis apresurado: un viento en él con un castigo doloroso, que destruye todo por orden de su Señor». Y amaneció no viéndose sino sus moradas. «¡Lejos sea Thamud! ¿No negaron a su Señor? ¡Lejos sea Thamud!».} [An-Naml: 45-51] Y dijo el Exaltado en la sura Al-Qamar: {Se les ha hecho llegar la advertencia, pero se volvieron de espaldas. Dijeron: «¡Locos! No nos importará; nos volveremos a nuestra religión». Pero los tomó el Grito con la verdad, y los hicimos heno. ¡Lejos sea el pueblo de los injustos!} [Al-Qamar: 23-27] Y dijo el Exaltado en la sura Al-Fajr: {¿Y a Thamud, que hendió la roca? Sí, y a los muchos poderosos. Quien se llenó de soberbia en la tierra sin derecho y sembró desorden. Así envió sobre ellos el Grito del Señor, y amaneció no viéndose sino sus moradas.} [Al-Fajr: 9-11] Y dijo el Exaltado en la sura Al-Mu'minun: {Y a Thamud, quien hendió la roca. Sí, los más injustos. Enviamos sobre ellos un solo Grito, y no fueron sino como el estiércol de los constructores.} [Al-Mu'minun: 81] Ésta es la mención de la historia de Salih en varios lugares del Corán, y hemos hablado de todo ello en el Tafsir. Mencionaremos aquí el resumen de lo que indican estos nobles versos, y lo relacionado con ellos de los hadices transmitidos sobre ello del Mensajero de Alá, que la paz y las bendiciones de Alá sean con él, con la ayuda de Alá. Alá, el Exaltado, informó que envió a Salih a su pueblo Thamud, y les llamó a adorar a Alá solo, y les advirtió del castigo si no obedecían. Pero su asamblea, que eran los líderes y poderosos entre ellos, le desmintieron, y le acusaron de necedad, y le dijeron: ¿Nos prohíbes adorar lo que adoraban nuestros padres? Y dijeron: Estamos en duda inquietante respecto a lo a que nos llamas. Y le dijeron: Trae una señal si eres veraz. Así que Alá le dio la camella como prueba clara, y les dijo: Dejadla pastar en la tierra de Alá y no la toquéis con mal. Pero la degollaron, y Salih les dijo: Disfrutad en vuestras moradas tres días; ésa es una promesa no desmentida. Y cuando vino la orden de Alá, los tomó el Grito, y perecieron todos los incrédulos. Y salvó Alá a Salih y a los creyentes con él por misericordia Nuestra. Y Thamud eran un pueblo de gran estatura y fuerza, y excavaban casas en las montañas, y habitaban palacios en las llanuras, y eran tiranos en la tierra sin derecho. Y adoraban ídolos, y negaban la resurrección. Y relató Al-Bujari y Muslim de Abu Hurayra, que el Mensajero de Alá, que la paz y las bendiciones de Alá sean con él, dijo: «No entréis en las moradas de los que fueron injustos, a menos que lloréis, no sea que os alcance lo que les alcanzó por lo que hicieron». Y en una narración: «No entréis en ellas a menos que seáis como el compañero de Yunus». Y pasó el Profeta, que la paz y las bendiciones de Alá sean con él, por Al-Hijr cuando iba a Tabuk, y dijo: «No entréis en las moradas de estos, a menos que lloréis, no sea que os alcance lo que les alcanzó». Y lloró él y lloró el resto de la gente. Y en el hadiz de Ibn Umar, que el Profeta, que la paz y las bendiciones de Alá sean con él, dijo: «No entréis en las casas de quienes fueron injustos, y temed que os alcance lo que les alcanzó». Y esto es de las virtudes de Salih, que la paz sea con él, y de su paciencia con su pueblo, y de su llamada a la verdad. Y fue de los profetas árabes, y de los descendientes de Nuh, y de él descienden muchos pueblos.

## Capítulo: La historia de Ibrahim, que la paz sea con él

Dijo Alá, el Exaltado: {Y ciertamente, te dimos una elección clara en el Libro después de los que han pasado. Así que medita en esto, ¡oh, los de mentes! ¿Acaso no ven que son probados una vez cada año, pero no se arrepienten ni se recuerdan? Y quienes disputan sobre él son una facción rebelde. Y cuando se les dice: «¡Creed como han creído los que creen!», dicen: «¿Creeremos como han creído los necios?». ¿No son ellos los necios, sino que no saben? Así que cuando se encuentran con los que creen, dicen: «Creemos». Y cuando se recogen unos con otros, dicen: «¿Os habéis contado a ellos lo que sabéis de Alá, para que argumenten contra vosotros ante vuestro Señor? ¿No razonáis?». ¿No saben que Alá sabe lo que ocultan y lo que declaran? Y de ellos hay quienes son ignorantes del Libro, como si no supieran. ¡Ay de ellos por lo que sus manos han escrito, y por lo que adquieren! Y di: «¡Oh, pueblo de la Escritura!

Venid a una palabra equitativa entre nosotros y vosotros: que no adoraremos sino a Alá, y no le asociemos nada, y no tomaremos unos de otros señores aparte de Alá». Y si se apartan, decid: «¡Sed testigos de que somos musulmanes!». ¡Oh, pueblo de la Escritura! ¿Por qué disputáis sobre Ibrahim, cuando la Torá y el Evangelio no fueron revelados sino después de él? ¿Disputaréis sobre lo que conocéis y dejáis lo que no conocéis? Di: «¡No, los que se han guiado son los que han creído, y Alá guiará a Su siervo a un camino recto!».} [Ál Imran: 65-70] Y dijo el Exaltado: {¡Oh, Abraham! ¡Someteos! Dijo: «Me he sometido al Señor de los mundos». Y Abraham encargó a sus hijos eso, y [también] Yaqub: «¡Oh, hijos míos! Alá os ha elegido para vosotros esta religión, así que no muráis sino que seáis musulmanes». ¿O fuisteis testigos cuando la muerte se presentó a Yaqub, cuando dijo a sus hij

Y dijo el Exaltado: {¿Habéis tomado aparte de Él dioses? Traed vuestra prueba si sois veraces. Y si son ángeles en los cielos y en la tierra que no desobedecen a Alá nada de lo que ordena y lo ejecutan como se les manda. Así que preparaos para el Día de la incursión, en el que no se excusará el criminal. Y para vosotros no habrá sino un castigo humillante, y no habrá para vosotros aliados ni socorredores.} [Anbiya: 22-29] Y dijo el Exaltado: {Recita lo que se te ha inspirado del Libro y establece la oración. En verdad, la oración prohíbe las obscenidades y las iniquidades. Y el recuerdo de Alá es mayor. Y Alá sabe lo que producís. Y no discutas con la gente de la Escritura sino de la mejor manera, excepto con los que son injustos de ellos. Y decid: «Creemos en lo que se nos ha revelado y en lo que se os ha revelado. Nuestro Dios y vuestro Dios es Uno, y a Él nos sometemos».} [Al-Ankabut: 45-46] Y dijo el

Exaltado: {¿No han visto cómo Alá creó los siete cielos en capas y hizo la luna una luz en ellos y hizo el sol una lámpara? Y Alá os ha hecho crecer de la tierra como una planta. Luego os retornará a ella y os sacará una salida. Y Alá ha hecho la tierra para vosotros como una alfombra extendida, para que andéis en sus caminos y sus sendas.} [Nuh: 15-19] Y dijo el Exaltado: {Y recita lo que se te ha inspirado del Libro y establece la oración. En verdad, la oración prohíbe las obscenidades y las iniquidades. Y el recuerdo de Alá es mayor. Y Alá sabe lo que producís.} [Al-Ankabut: 45] Y dijo el Exaltado: {Y quien es más guiado en el camino que quien se somete a Alá y hace el bien? Y sigue la religión de Abraham, el hanif. Y Alá tomó a Abraham como amigo elegido.} [An-Nisa: 125] Y dijo el Exaltado: {Y [recuerda] cuando Abraham dijo: «¡Señor mío! Muéstrame cómo resucitas a los muertos». Dijo: «¿No crees?». Dijo: «Sí, pero para que se serene mi corazón». Dijo: «Toma cuatro de las aves, haz que te obedezcan, luego pon un trozo de cada una en una montaña, luego llámalas; vendrán a ti corriendo, y sabe que Alá es Poderoso, Sabio».} [Al-Baqara: 260] Y dijo el Exaltado: {Y [recuerda] cuando Abraham erigió los cimientos de la Casa con Ismael: «¡Señor nuestro! Acéptanos; Tú eres el Oidor, el Omnisciente. ¡Señor nuestro! Haznos sometidos a Ti, y de nuestra descendencia una nación sometida a Ti, y muéstranos nuestros ritos, y acéptate de nosotros. En verdad, Tú eres el Clemente, el Misericordioso. ¡Señor nuestro! Y envía entre ellos un mensajero de ellos que les recite Tus versos, les enseñe el Libro y la sabiduría, y les purifique. En verdad, Tú eres el Poderoso, el Sabio». ¿Quién se apartaría de la religión de Abraham sino el necio? En verdad, lo elegimos en este mundo, y en la otra será de los rectos. Cuando su Señor le dijo: «¡Sométete!», dijo: «Me he sometido al Señor de los mundos». Y Abraham encargó eso a sus hijos, y [también] Yaqub:

«¡Oh, hijos míos! Alá os ha elegido para vosotros esta religión, así que no muráis sino que seáis musulmanes».} [Al-Baqara: 127-132] Y dijo el Exaltado: {Nuestro Señor, y haz que sus corazones se inclinen hacia Abraham, y danos una lengua de su lengua, para que podamos alabarte y recordarte mucho. Nuestro Señor, y haznos testigos de Ti el Día de la Resurrección. En verdad, Tú no fallas en la promesa.} [Ibrahim: 35-41] Y dijo el Exaltado: {Y [recuerda] cuando Ibrahim dijo: «¡Señor mío! Haz esta ciudad segura, y provee a sus habitantes de frutos, a quienes de ellos crean en Alá y en el Último Día». Dijo: «Y a quien no crea, le daré un disfrute breve, luego le obligaré al castigo del Fuego. ¡Qué mal destino!». Y cuando Ibrahim erigió los cimientos de la Casa con Ismael: «¡Señor nuestro! Acéptanos; Tú eres el Oidor, el Omnisciente».} [Al-Baqara: 126-127] Y dijo el Exaltado: {Y [menciona] cuando Abraham dijo: «¡Señor mío! Haz que esta ciudad sea segura, y provee a sus habitantes de frutos, a quienes de ellos crean en Alá y en el Último Día». Dijo: «Y a quien no crea, le daré un disfrute breve, luego le obligaré al castigo del Fuego. ¡Qué mal destino!». Y cuando Abraham erigió los cimientos de la Casa con Ismael: «¡Señor nuestro! Acéptanos; Tú eres el Oidor, el Omnisciente». «¡Señor nuestro! Y haz que de nuestra descendencia un imán para los mundos». Dijo: «Y la promesa de Mi pacto no alcanza a los injustos».} [Al-Baqara: 124-129] Y dijo el Exaltado: {Y cuando su Señor lo probó con palabras, las cumplió. Dijo: «En verdad, te haré imán para los hombres». Dijo: «Y de mi descendencia». Dijo: «Mi pacto no alcanza a los injustos». Y cuando hicimos de la Casa un lugar de retorno para los hombres y un lugar seguro, y tomad de donde Abraham se erigió el lugar de oración: y pactamos con Abraham e Ismael que purificaran Mi Casa para los rodeadores, los retirados y los inclinados y prosternados.} [Al-Hay: 2-4] Y dijo el

Exaltado: {¡Oh, pueblo mío! En verdad, esto es un error, y os aconsejo sinceramente. Y ¡oh, pueblo mío! Temo sobre vosotros el castigo del Día de un término. Dijo su pueblo: «Nos has igualado, así que tráenos lo con que nos amenazas, si eres de los veraces». Dijo: «Sólo Alá tiene sobre vosotros el conocimiento de eso. Y yo os he transmitido lo con que fui enviado. Pero os veo un pueblo ignorante».} [Al-Anbiya: 54-67] Ésta es la mención de la historia de Ibrahim en varios lugares del Corán, y hemos hablado de todo ello en el Tafsir. Mencionaremos aquí el resumen de lo que indican estos nobles versos, y lo relacionado con ellos de los hadices transmitidos sobre ello del Mensajero de Alá, que la paz y las bendiciones de Alá sean con él, con la ayuda de Alá. Ibrahim, que la paz sea con él, es el padre de los profetas y el imán de los monoteístas, y Alá lo tomó como amigo elegido, y lo bendijo en su descendencia, y de él descienden los profetas y los mensajeros. Y es el segundo de los cinco de determinación firme, después de Nuh. Y nació en Kutha, que es una aldea de Babilonia, en el tiempo de Namrud ibn Kan'an ibn Kush ibn Nuh, y su madre se llamaba Aminah, y su padre Taruj, y se le llamaba Azar, como dijo el Exaltado: {Cuando dijo a su padre Azar: «¿Tomarás ídolos por dioses? Veo que tú y tu pueblo estáis en un error manifiesto»}. Y Azar era su tío, y lo llamó padre por el honor, o era su padre, y se llamaba Azar, y Taruj es otro nombre para él, o era su abuelo, y lo llamó padre por el honor. Y lo correcto es que Azar era su padre, como dijo Ibn Abbas y la mayoría. Y creció en la casa de Namrud, y Namrud lo adoptó y lo crió, y le dio autoridad sobre su pueblo. Pero Alá guió a Ibrahim, y le inspiró la monoteísmo, y le mostró sus signos, y lo hizo ver cómo resucita a los muertos, y cómo hace salir el sol del este y del oeste. Y llamó a su pueblo a dejar la adoración de los ídolos, y a adorar a Alá solo, y les dijo: ¿Por qué adoráis lo que no oye, no ve, ni os aprovecha ni os daña? Y rompió sus ídolos, excepto el mayor, y puso el hacha en su cuello, y dijo: «No adoraré lo que adoráis aparte de Alá». Y Namrud lo arrojó al fuego, pero Alá dijo: «¡Oh, fuego! Sé frío y pacífico con Ibrahim». Así salió ileso, y la gente se asombró, y muchos creyeron en él. Y Namrud lo llamó, y discutieron sobre el reino de Alá, y dijo Namrud: Yo doy vida y doy muerte. Y dijo Ibrahim: Alá hace salir el sol del este, hazlo salir del oeste. Así se quedó mudo, y no pudo responder. Y Alá ordenó a Ibrahim que emigrara, y emigró con su esposa Sarah y su primo Lut a Siria, y luego a Egipto, y el rey de Egipto quiso a Sarah, pero Alá salvó a Ibrahim y a Sarah, y le dio a Ibrahim Hagar, la egipcia. Y regresó a Palestina, y le nació Ismael de Hagar, y luego emigró con Hagar e Ismael a la Meca, y dejó a Hagar e Ismael en el valle de Bakkah, y golpeó con su talón el Zamzam, y de él brotó el agua. Y cuando creció Ismael, Ibrahim volvió y lo encontró, y le dijo: Ayúdame a erigir la Casa de Alá. Y erigieron los cimientos de la Kaaba, y pidieron a Alá que la hiciera lugar de retorno y seguridad. Y Alá ordenó a Ibrahim que sacrificara a su hijo Ismael, y lo llevó para sacrificarlo, pero Alá lo redimió con un sacrificio grande. Y así se cumplió la prueba de Ibrahim. Y le dijo Alá a Ibrahim: Te haré imán para los hombres, pero su pacto no alcanza a los injustos. Y de su descendencia los profetas, excepto los injustos. Y relató Al-Bujari y Muslim de Abu Hurayra, que el Mensajero de Alá, que la paz y las bendiciones de Alá sean con él, dijo: «Somos la última nación, pero la primera el Día de la Resurrección. Nos darán el Libro antes, y el Libro de Moisés es un libro de luz». Y en el hadiz de Ibn Abbas, que el Profeta, que la paz y las bendiciones de Alá sean con él, dijo: «Ibrahim fue circuncidado a los ochenta años». Y esto es de las virtudes de Ibrahim, que la paz sea con él, y de su paciencia y su sumisión a Alá.

## Capítulo: La historia de Lut, que la paz sea con él

Dijo Alá, el Exaltado: {Y [enviamos] a Lut, cuando dijo a su pueblo: «¿Cometéis la fechoría que no os ha precedido ninguno de los mundos? En verdad, venís a los hombres con deseo en lugar de las mujeres. No, sino que sois un pueblo transgresor». Y la respuesta de su pueblo no fue sino que dijeron: «¡Expulsadlos de vuestra aldea! En verdad, eran gente que se purificaba». Así lo salvamos a él y a su familia, excepto a su mujer; ella fue de los que se quedaron. Y derramamos sobre ellos una lluvia. ¡Mira, pues, cómo fue el fin de los criminales!} [Al-Ankabut: 28-30] Y dijo el Exaltado: {Y Lut, cuando dijo a su pueblo: «¿Cometéis la fechoría que no os ha precedido ninguno de los mundos? En verdad, venís a los hombres con deseo en lugar de las mujeres. No, sino que sois un pueblo transgresor». Y no fue la respuesta de su pueblo sino que dijeron:

«¡Expulsadlos de vuestra aldea! En verdad, eran gente que se purificaba». Así lo salvamos a él y a su familia, excepto a su mujer; ella fue de los que se quedaron. Y derramamos sobre ellos una lluvia. ¡Mira, pues, cómo fue el fin de los criminales!} [Al-A'raf: 80-84] Y dijo el Exaltado: {Y Lut, cuando dijo a su pueblo: «¿Cometéis la fechoría que no os ha precedido ninguno de los mundos? En verdad, venís a los hombres con deseo en lugar de las mujeres. No, sino que sois un pueblo transgresor». Y la respuesta de su pueblo no fue sino que dijeron: «¡Expulsadlos de vuestra aldea! En verdad, eran gente que se purificaba». Así lo salvamos a él y a su familia, excepto a su mujer; ella fue de los que se quedaron. Y derramamos sobre ellos una lluvia. ¡Mira, pues, cómo fue el fin de los criminales!} [Hud: 77-83] Y dijo el Exaltado: {Y a su pueblo vinieron los enviados. Se burlaron de ellos. Dijo: «¿No recordáis lo que hizo mi Señor con vosotros?». Dijeron: «¡Envía sobre nosotros lo que nos amenazas, si eres de los enviados!». Dijo: «En verdad, mi Señor está bien informado de lo que hacéis». Así, cuando vinieron los enviados, les dijo: «En verdad, soy de los enviados». Y dijo: «En verdad, os temo el castigo del Día de un término». Dijeron: «Hemos creído en tu Señor». Dijo: «En verdad, sois un pueblo ignorante». Y cuando vino el término de los que los hospedaban, les cubrimos con una sombra, y envió Su ejército a la ciudad de Sodoma. Dijeron: «En verdad, sois un pueblo ignorante». Y cuando vino el término de los que los hospedaban, les cubrimos con una sombra, y envió Su ejército a la ciudad de Sodoma. Y cuando llegaron los enviados a Lut, se llenó de temor por ellos y se estrechó por ellos, y dijo: «Éste es un día difícil». Y vinieron a él su pueblo corriendo hacia él, y antes ya practicaban la fechoría. Dijo: «¡Oh, pueblo mío! Éstos son mis hijas; son más puras para vosotros. Temed, pues, a Alá y no me avergoncéis con los huéspedes.

¿No tenéis razón?». Dijeron: «En verdad, nos has llegado cuando la aldea ha expulsado a los mensajeros de Alá». Dijo: «En verdad, éstos son mis hijas, si vais a hacer algo». Por tu vida, en verdad, se tambaleaban en su embriaguez. Así vino el Grito sobre ellos al amanecer. Y hicimos que su ciudad fuera como era la era de los aradores. Y derramamos sobre ellos piedras de arcilla. En verdad, en eso hay una señal para los que disciernen. Y en verdad, están sobre un camino permanente. En verdad, en eso hay una señal para los que creen.} [Al-Hiyr: 61-77] Y dijo el Exaltado: {Los ángeles entraron a él y a su familia. Dijo: «En verdad, sois extraños». Dijo: «Nos tememos por vosotros». Dijo: «En verdad, sois un pueblo honrado». Dijeron: «No temáis ni os entristezcáis. En verdad, os salvamos a vosotros y a vuestras familias, excepto a su mujer; ella será de los que se queden. En verdad, vamos a hacer descender sobre la aldea de este pueblo un castigo de tu Señor, y en verdad, no serán protegidos».} [Hud: 69-73] Y dijo el Exaltado: {Y cuando Nuestro decreto vino, salvamos a Salih y a los que creyeron con él por misericordia Nuestra, y de la humillación de ese día. En verdad, tu Señor es el Poderoso, el Fuerte. Y los que fueron injustos, los tomó el Grito, y amanecieron en sus moradas postrados, como si no hubieran prosperado en ellas. ¿Acaso Thamud no negó a su Señor? ¡Lejos sea Thamud!} [Hud: 66-68] Y dijo el Exaltado: {Y a Lut, cuando dijo a su pueblo: «¿Cometéis la fechoría que no os ha precedido ninguno de los mundos? En verdad, venís a los hombres con deseo en lugar de las mujeres. No, sino que sois un pueblo transgresor». Y la respuesta de su pueblo no fue sino que dijeron: «¡Expulsadlos de vuestra aldea! En verdad, eran gente que se purificaba». Así lo salvamos a él y a su familia, excepto a su mujer; ella fue de los que se quedaron. Y derramamos sobre ellos una lluvia. ¡Mira, pues, cómo fue el fin de los criminales!} [Al-Ankabut:

28-30] Y dijo el Exaltado: {Y Lut, cuando dijo a su pueblo: «¿Cometéis la fechoría que no os ha precedido ninguno de los mundos? En verdad, venís a los hombres con deseo en lugar de las mujeres. No, sino que sois un pueblo transgresor». Y no fue la respuesta de su pueblo sino que dijeron: «¡Expulsadlos de vuestra aldea! En verdad, eran gente que se purificaba». Así lo salvamos a él y a su familia, excepto a su mujer; ella fue de los que se quedaron. Y derramamos sobre ellos una lluvia. ¡Mira, pues, cómo fue el fin de los criminales!} [Al-A'raf: 80-84] Y dijo el Exaltado: {Y a Lut, cuando dijo a su pueblo: «¿Cometéis la fechoría que no os ha precedido ninguno de los mundos? En verdad, venís a los hombres con deseo en lugar de las mujeres. No, sino que sois un pueblo transgresor». Y la respuesta de su pueblo no fue sino que dijeron: «¡Expulsadlos de vuestra aldea! En verdad, eran gente que se purificaba». Así lo salvamos a él y a su familia, excepto a su mujer; ella fue de los que se quedaron. Y derramamos sobre ellos una lluvia. ¡Mira, pues, cómo fue el fin de los criminales!} [Hud: 77-83] Ésta es la mención de la historia de Lut en varios lugares del Corán, y hemos hablado de todo ello en el Tafsir. Mencionaremos aquí el resumen de lo que indican estos nobles versos, y lo relacionado con ellos de los hadices transmitidos sobre ello del Mensajero de Alá, que la paz y las bendiciones de Alá sean con él, con la ayuda de Alá. Lut, que la paz sea con él, es el sobrino de Ibrahim, hijo de su hermano Haran, y emigró con Ibrahim de Babilonia a Siria, y se separó de él y fue a Sodoma y Gomorra, que son ciudades del Jordán, y se le envió como profeta a su pueblo, que eran hombres que se acercaban a los hombres con deseo en lugar de las mujeres, y cometían la fechoría que no la había cometido ninguna nación antes de ellos. Y les llamó a dejar eso y a adorar a Alá solo, y les advirtió del castigo si no obedecían. Pero le desmintieron, y le dijeron: Expulsadlo de vuestra aldea, y querían agredir a sus huéspedes, que eran los ángeles en forma de hombres jóvenes. Y Lut les dijo: Éstas son mis hijas, son más puras para vosotros. Pero no le obedecieron, y quisieron irrumpir sobre él. Entonces vinieron los ángeles y le dijeron: Nos tememos por vosotros. Dijo: Sois un pueblo honrado. Dijeron: No temáis ni os entristezcáis. En verdad, os salvamos a vosotros y a vuestras familias, excepto a su mujer; ella será de los que se queden. Y enviaron sobre la aldea una lluvia de piedras de arcilla, y perecieron todos los incrédulos. Y salvó Alá a Lut y a su familia, excepto a su mujer, que miró hacia atrás y se convirtió en sal. Y el lugar de Sodoma y Gomorra es el Mar Muerto, y las ciudades se hundieron en él. Y relató Al-Bujari y Muslim de Abu Hurayra, que el Mensajero de Alá, que la paz y las bendiciones de Alá sean con él, dijo: «El mejor de los hombres en tiempo es mi generación, luego los que les siguen, luego los que les siguen. Luego vendrá gente que testificará antes de ser preguntada, y mentirán». Y en el hadiz de Ibn Abbas, que el Profeta, que la paz y las bendiciones de Alá sean con él, dijo: «No cometió Lut fechoría con su pueblo, sino que temió a su Señor». Y esto es de las virtudes de Lut, que la paz sea con él, y de su paciencia con su pueblo, y de su hospitalidad con los huéspedes. Y fue de los profetas, y de los descendientes de Ibrahim, y de él descienden muchos pueblos. Historias de los ProfetasPor Al-Hafiz Ibn Kathir Capítulo: La historia de Ismael, que la paz sea con élDijo Alá, el Exaltado: {Y cuando su Señor lo probó con palabras, las cumplió. Dijo: «En verdad, te haré imán para los hombres». Dijo: «Y de mi descendencia». Dijo: «Mi pacto no alcanza a los injustos». Y cuando hicimos de la Casa un lugar de retorno para los hombres y un lugar seguro, y tomad de donde Abraham se erigió el lugar de oración: y pactamos con Abraham e Ismael que purificaran Mi

Casa para los rodeadores, los retirados y los inclinados y prosternados. Y cuando Abraham dijo: «¡Señor mío! Haz que esta ciudad sea segura, y provee a sus habitantes de frutos, a quienes de ellos crean en Alá y en el Último Día». Dijo: «Y a quien no crea, le daré un disfrute breve, luego le obligaré al castigo del Fuego. ¡Qué mal destino!». Y cuando Abraham erigió los cimientos de la Casa con Ismael: «¡Señor nuestro! Acéptanos; Tú eres el Oidor, el Omnisciente». «¡Señor nuestro! Y haz que de nuestra descendencia un imán para los mundos». Dijo: «Y la promesa de Mi pacto no alcanza a los injustos».} [Al-Baqara: 124-129] Y dijo el Exaltado: {Y [menciona] cuando Abraham dijo: «¡Señor mío! Haz que esta ciudad sea segura, y provee a sus habitantes de frutos, a quienes de ellos crean en Alá y en el Último Día». Dijo: «Y a quien no crea, le daré un disfrute breve, luego le obligaré al castigo del Fuego. ¡Qué mal destino!». Y cuando Abraham erigió los cimientos de la Casa con Ismael: «¡Señor nuestro! Acéptanos; Tú eres el Oidor, el Omnisciente». «¡Señor nuestro! Y haz que sus corazones se inclinen hacia Abraham, y danos una lengua de su lengua, para que podamos alabarte y recordarte mucho. Nuestro Señor, y haznos testigos de Ti el Día de la Resurrección. En verdad, Tú no fallas en la promesa».} [Ibrahim: 35-41]

Y dijo el Exaltado: {Y cuando Ibrahim dijo a su padre Azar: «¿Tomarás ídolos por dioses? Veo que tú y tu pueblo estáis en un error manifiesto». Y así mostramos a Abraham el reino de los cielos y de la tierra, para que sea de los seguros. Cuando se puso la noche sobre él, vio una estrella. Dijo: «Éste es mi Señor». Pero cuando se puso, dijo: «No amo a los que se ponen». Y cuando vio la luna alzándose, dijo: «Éste es mi Señor». Pero cuando se puso, dijo: «Si mi Señor no me guía, seré de un pueblo transgresor». Y cuando vio el sol alzándose, dijo: «Éste es mi Señor; éste es mayor». Pero cuando se puso, dijo: «¡Oh, pueblo mío!

En verdad, estoy inocente de lo que asociáis. En verdad, me he vuelto hacia Quien creó los cielos y la tierra, hanif, y no soy de los idólatras». Y disputaron con él sobre su Señor. Dijo: «¿Disputáis conmigo sobre Alá, siendo Él Quien me ha guiado? No temo lo que asociáis con Él, a menos que mi Señor quiera algo. Mi Señor abarca todas las cosas con conocimiento; ¿no recordaréis? ¿Cómo temeré lo que asociáis, siendo Alá Quien ha dado testimonio de la verdad? ¿Y sabéis que Alá no guía a los injustos?».} [Al-An'am: 74-83] Y dijo el Exaltado: {Nuestro Señor, y no nos hagas objeto de escrutinio de los incrédulos, y perdónanos, Señor nuestro. En verdad, Tú eres el Poderoso, el Sabio. En verdad, te mostramos un ejemplo excelente. Síguenlo, para que prosperéis. Así selló Alá la verdad y la justicia, y no se cumple un ejemplo mejor que el de Alá. Él es el Poderoso, el Sabio.} [Al-Mumtahana: 4-6] Y dijo el Exaltado: {Y [recuerda] cuando Abraham dijo: «¡Señor mío!

Muéstrame cómo resucitas a los muertos». Dijo: «¿No crees?». Dijo: «Sí, pero para que se serene mi corazón». Dijo: «Toma cuatro de las aves, haz que te obedezcan, luego pon un trozo de cada una en una montaña, luego llámalas; vendrán a ti corriendo, y sabe que Alá es Poderoso, Sabio».} [Al-Baqara: 260] Y dijo el Exaltado: {Y [recuerda] cuando el Señor de Abraham lo probó con palabras, las cumplió. Dijo: «En verdad, te haré imán para los hombres». Dijo: «Y de mi descendencia». Dijo: «Mi pacto no alcanza a los injustos».} [Al-Baqara: 124] Ésta es la mención de la historia de Ismael en varios lugares del Corán, y hemos hablado de todo ello en el Tafsir. Mencionaremos aquí el resumen de lo que indican estos nobles versos, y lo relacionado con ellos de los hadices transmitidos sobre ello del Mensajero de Alá, que la paz y las bendiciones de Alá sean con él, con la ayuda de Alá. Ismael, que la paz sea con él, es el hijo de Ibrahim de Hagar la egipcia, y es el padre de los árabes musta'ribah, y de él desciende el Profeta Muhammad, que la paz y las bendiciones de Alá sean con él. Y nació Ismael cuando Ibrahim tenía ochenta y seis años, y Hagar era esclava de Sarah, y Sarah se la regaló a Ibrahim porque no le había dado hijos. Y cuando nació Ismael, Sarah se puso celosa, y dijo a Ibrahim: «Toma a tu hijo y a su madre y déjalos en un valle estéril». Así emigró Ibrahim con Hagar e Ismael a Meca, y los dejó allí sin agua ni provisiones, y se fue. Y Hagar buscó agua para su hijo, y corrió entre As-Safa y Al-Marwa siete veces, y entonces brotó el agua de Zamzam por debajo de los pies de Ismael. Y bebieron y vivieron. Y creció Ismael entre Yuraum, y aprendió el árabe de ellos, y se casó con una de sus mujeres, y tuvo muchos hijos. Y cuando creció, volvió Ibrahim y lo encontró, y le dijo: «Ayúdame a erigir la Casa de Alá». Y erigieron la Kaaba, y pidieron a Alá que la hiciera lugar de peregrinación. Y Alá ordenó a Ibrahim que sacrificara a su hijo, y Ibrahim se lo dijo a

Ismael, y Ismael dijo: «Haz lo que te ha ordenado tu Señor». Y lo llevó para sacrificarlo, pero Alá lo redimió con un carnero. Y esto es la prueba de Ibrahim y de Ismael, y de su sumisión a Alá. Y relató Al-Bujari y Muslim de Ibn Abbas, que el Profeta, que la paz y las bendiciones de Alá sean con él, dijo: «Somos la descendencia de Ismael». Y en el hadiz de Abu Hurayra, que el Mensajero de Alá, que la paz y las bendiciones de Alá sean con él, dijo: «Ismael fue el primero en hablar árabe elocuente». Y esto es de las virtudes de Ismael, que la paz sea con él, y de su paciencia y su obediencia. Y fue profeta y mensajero, y de él descienden los profetas y los mensajeros.

**Capítulo: La historia de Yaqub, que la paz sea con él**

Dijo Alá, el Exaltado: {Y Abraham encargó a sus hijos eso, y [también] Yaqub: «¡Oh, hijos míos! Alá os ha elegido para vosotros esta religión, así que no muráis sino que seáis musulmanes». ¿O fuisteis testigos cuando la muerte se presentó a Yaqub, cuando dijo a sus hijos: «¿Qué adoraréis después de mí?». Dijeron: «Adoraremos a tu Dios y el Dios de tus padres, Abraham, Ismael e Isaac: un Dios único. Y a Él nos sometemos». Ése fue un pueblo que ha pasado. Para ellos lo que han adquirido, y para vosotros lo que habéis adquirido, y no seréis preguntados por lo que hacían.} [Al-Baqara: 132-134] Y dijo el Exaltado: {Y le dimos a él [a Ibrahim] Ishaq y Yaqub, toda una descendencia. Y a cada uno hicimos recto. Y a Nuh lo guiamos antes, y de su descendencia a David, Salomón, Ayub, Yúsuf, Moisés y Harún. Así recompensamos a los que hacen el bien. Y a Zacarías, Yahya, Jesús y Elías: todos eran de los rectos. Y a Ismael, Al-Yasa, Yunus y Lut: a cada uno preferimos sobre los mundos. Y de sus padres, descendientes y hermanos: y elegimos de ellos. Y les guiamos al camino recto. Ése es el favor de Alá; lo concede a quien quiere de Sus siervos. Y quien se aparta de Su favor, en verdad, Alá es el Rico, el Praiseworthy.} [Al-An'am: 84-92] Y dijo el Exaltado: {Y [recuerda] cuando el Señor de Abraham lo probó con palabras, las cumplió. Dijo: «En verdad, te haré imán para los hombres». Dijo: «Y de mi descendencia». Dijo: «Mi pacto no alcanza a los injustos». Y cuando hicimos de la Casa un lugar de retorno para los hombres y un lugar seguro, y tomad de donde Abraham se erigió el lugar de oración: y pactamos con Abraham e Ismael que purificaran Mi Casa para los rodeadores, los retirados y los inclinados y prosternados. Y cuando Abraham dijo: «¡Señor mío! Haz que esta ciudad sea segura, y provee a sus habitantes de frutos, a quienes de ellos crean en Alá y en el Último Día». Dijo: «Y a quien no crea, le daré un disfrute breve, luego le obligaré al castigo del Fuego. ¡Qué mal destino!». Y cuando Abraham erigió los cimientos de la Casa con Ismael: «¡Señor nuestro! Acéptanos; Tú eres el Oidor, el Omnisciente». «¡Señor nuestro! Y haz que de nuestra descendencia un imán para los mundos». Dijo: «Y la promesa de Mi pacto no alcanza a los injustos».} [Al-Baqara: 124-129] Y dijo el Exaltado: {Y ciertamente, le dimos a Abraham la buena nueva de Ishaq, un profeta de los rectos. Y le bendijo: «¡Paz sobre ti! Y te alabaremos mucho. Nuestro Señor, y acepta de nosotros. En verdad, Tú eres el Oidor, el Omnisciente».} [As-Saffat: 112-113] Ésta es la mención de la historia de Yaqub en varios lugares del Corán, y hemos hablado de todo ello en el Tafsir. Mencionaremos aquí el resumen de lo que indican estos nobles versos, y lo relacionado con ellos de los hadices transmitidos sobre ello del Mensajero de Alá, que la paz y las bendiciones de Alá sean con él, con la ayuda de Alá. Yaqub, que la paz sea con él, es el hijo de Ishaq de su esposa Ribqa, hija de Batuel ibn Nahor, y es el profeta de Dios, y se le llama Israel, y de él se llaman los Hijos de Israel. Y nació cuando Ishaq tenía sesenta años, y era el hermano gemelo de Esau, y

Yaqub era el preferido de su madre Ribqa, y Esau de su padre Ishaq. Y Yaqub era piadoso y obediente, y temía a Alá, y Alá lo eligió y lo guió al camino recto. Y cuando Ishaq envejeció, pidió a Esau que le trajera caza para comer, y bendecirlo. Pero Ribqa oyó eso, y le dijo a Yaqub que se disfrazara de Esau y le trajera comida, y lo bendijo Ishaq pensando que era Esau. Y cuando volvió Esau, se enfureció, y quiso matar a Yaqub, así que Ribqa le dijo que emigrara a su hermano Labán en Harán. Y emigró Yaqub, y se casó con las hijas de Labán: Lea y Raquel, y tuvo doce hijos, que son las doce tribus de los Hijos de Israel. Y Alá le mostró en un sueño una escalera que llegaba al cielo, y ángeles subían y bajaban, y le dijo: Yo soy Alá, el Dios de tu padre Abraham e Isaac, y te bendeciré. Y cuando quería regresar, temió a Esau, y luchó con un ángel, y le dijo: Tu nombre será Israel, porque luchaste con Dios y con los hombres y venciste. Y se reunió con Esau, y se reconciliaron. Y Yaqub encargó a sus hijos que adoraran a Alá solo, y les dijo: No muráis sino que seáis musulmanes. Y relató Al-Bujari y Muslim de Ibn Abbas, que el Profeta, que la paz y las bendiciones de Alá sean con él, dijo: «Yaqub fue el primero en ser llamado Israel». Y en el hadiz de Abu Hurayra, que el Mensajero de Alá, que la paz y las bendiciones de Alá sean con él, dijo: «Los profetas son hermanos paternos; tienen una misma religión, pero madres diferentes». Y esto es de las virtudes de Yaqub, que la paz sea con él, y de su paciencia con la separación de su hijo Yúsuf, como vendrá. Y fue profeta y mensajero, y de él descienden los israelitas.

## Capítulo: La historia de Yúsuf, que la paz sea con él

Dijo Alá, el Exaltado: {Alif, Lam, Ra. Éste es el Libro que te hemos revelado para que guíes a los hombres de las tinieblas a la luz, por permiso de su Señor, al camino del Poderoso, el Praiseworthy. Y [éste es] el Libro de Yúsuf, cuando vino a su padre y dijo: «¡Padre mío! Ciertamente, he visto once estrellas y el sol y la luna: las vi postradas ante mí». Dijo: «¡Hijo mío! No cuentes tu visión a tus hermanos, porque tramaran un complot contra ti. En verdad, Satanás es para el hombre un enemigo manifiesto. Así te elegirá tu Señor y te enseñará la interpretación de los dichos. Y completará Su favor sobre ti y sobre la familia de Yaqub, como completó Su favor sobre tus padres antes, Abraham e Isaac. En verdad, tu Señor es Omnisciente, Sabio». En verdad, en Yúsuf y sus hermanos hay una señal para los que preguntan. Cuando dijeron: «En verdad, Yúsuf y su hermano son más queridos para nuestro padre que nosotros, y somos un grupo numeroso. En verdad, nuestro padre está en un error manifiesto. Matad a Yúsuf o arrojadlo a una tierra; así la atención de nuestro padre se volverá hacia vosotros, y seréis después un pueblo recto». Dijo un que hablaba de ellos: «No matéis a Yúsuf, sino arrojadlo al fondo de un pozo; lo hallará algún grupo de viajeros, si estáis por hacer algo». Dijeron: «¡Oh, padre nuestro! ¿Por qué no nos fías de Yúsuf, siendo que somos veraces? Cuando se siente con nosotros ayer, lo devorará la loba, siendo que eres, para nosotros, un protector sabio». Dijo: «En verdad, me entristecerá que os lo arrebaten, y temo que Satanás os tiente con un error. En verdad, soy de los que se apresuran». Y cuando se volvieron de él y tramaron, hicieron de un pozo su asunto, y le arrojaron. Dijo: «En verdad, os informaré de su interpretación antes de que venga a vosotros». Cuando dijo a su padre: «¡Oh, padre mío! Ciertamente, he visto once estrellas y el sol y la luna:

las vi postradas ante mí». Dijo: «¡Hijo mío! No cuentes tu visión a tus hermanos, porque tramaran un complot contra ti. En verdad, Satanás es para el hombre un enemigo manifiesto. Así te elegirá tu Señor y te enseñará la interpretación de los dichos. Y completará Su favor sobre ti y sobre la familia de Yaqub, como completó Su favor sobre tus padres antes, Abraham e Isaac. En verdad, tu Señor es Omnisciente, Sabio».} [Yúsuf: 1-6] Y dijo el Exaltado: {Y dijo un que hablaba de ellos: «No matéis a Yúsuf, sino arrojadlo al fondo de un pozo; lo hallará algún grupo de viajeros, si estáis por hacer algo». Dijeron: «¡Oh, padre nuestro! ¿Por qué no nos fías de Yúsuf, siendo que somos veraces? Cuando se siente con nosotros ayer, lo devorará la loba, siendo que eres, para nosotros, un protector sabio». Dijo: «En verdad, me entristecerá que os lo arrebaten, y temo que Satanás os tiente con un error. En verdad, soy de los que se apresuran». Y cuando se volvieron de él y tramaron, hicieron de un pozo su asunto, y le arrojaron. Dijo: «En verdad, os informaré de su interpretación antes de que venga a vosotros».} [Yúsuf: 10-15] Y dijo el Exaltado: {Y dijeron: «¡Oh, padre nuestro! ¿Por qué no nos fías de Yúsuf, siendo que somos veraces? Cuando se siente con nosotros ayer, lo devorará la loba, siendo que eres, para nosotros, un protector sabio». Dijo: «En verdad, me entristecerá que os lo arrebaten, y temo que Satanás os tiente con un error. En verdad, soy de los que se apresuran». Y cuando se volvieron de él y tramaron, hicieron de un pozo su asunto, y le arrojaron. Dijo: «En verdad, os informaré de su interpretación antes de que venga a vosotros».} [Yúsuf: 10-15] Y dijo el Exaltado: {Y vinieron unos viajeros, y enviaron a su aguador, y bajó su cubo. Dijo: «¡Oh, buena nueva! Éste es un muchacho». Y lo escondieron como mercancía. Y Alá estaba bien informado de lo que hacían. Y compraron por él un precio vil, un puñado de dátiles, y fueron indiferentes a él. Y dijo el egipcio que lo compró a su esposa: «Honrad su alojamiento, quizás nos sea útil, o lo adoptemos como hijo». Y así establecimos a Yúsuf en la tierra, para que enseñáramos la interpretación de los dichos. Y Alá es Poderoso en Su asunto, pero la mayoría de los hombres no saben. Y cuando alcanzó su madurez, le dimos juicio y conocimiento. Y así recompensamos a los que hacen el bien. Y la mujer en cuya casa estaba se acercó a él y dijo: «Ven aquí». Y cerró la puerta y dijo: «¡Acércate!». Dijo: «¡Me refugio en Alá! En verdad, es mi señor; me ha hecho un buen alojamiento. En verdad, los injustos no prosperan». Y ciertamente, ella deseó para él, y él la habría deseado si no hubiera visto la prueba de su Señor. Así apartamos de él el mal y la fechoría. En verdad, él era de Nuestros siervos escogidos. Y corrieron a la puerta, y ella rasgó su camisa por detrás, y hallaron a su señor a la puerta. Dijo: «¿Qué castigo tiene quien quiso mal con tu mujer, sino la cárcel o un castigo doloroso?». Dijo: «Ella me solicitó». Y testificó un familiar de ella: «Si su camisa ha sido rasgada por delante, entonces ella dice la verdad, y él es de los mentirosos. Y si su camisa ha sido rasgada por detrás, entonces ella miente, y él es de los veraces». Así, cuando vio su camisa rasgada por detrás, dijo: «En verdad, esto es de mi astucia de mujeres. En verdad, vuestra astucia es grande. ¡Yúsuf! ¡Vuélvete de ella, y tú, ¡oh, mujer! ¡Pide perdón por tu asunto! En verdad, has sido de los transgresores».} [Yúsuf: 19-23] Y dijo el Exaltado: {Y dijo la mujer de Al-Aziz: «¡Ahora ha salido el asunto! En verdad, tú eras el que solicitaba». Y cuando vio las señales de nuestro Señor, se sometió a ellas y se apartó de la fechoría. En verdad, ella era de Nuestras siervas escogidas. Y dijo: «¡Venid aquí!». Y cuando vio su mano sobre su camisa, dijo: «¡Qué mal has hecho!». Y dijo: «En verdad, es de la astucia de tu señor. En verdad, su astucia es grande».} [Yúsuf:

24-28] Y dijo el Exaltado: {Y las mujeres en la ciudad dijeron: «La mujer de Al-Aziz solicita a su siervo. Nos ha inflamado el amor por él. En verdad, vemos un error manifiesto en ella». Y cuando oyó sus artimañas, envió a ellas un mensajero y les preparó un banquete, y les dio un cuchillo y dijo: «Salid a ellas». Y cuando las vieron, las consideraron grandes, y se cortaron las manos, y dijeron: «¡Glorificado sea! No es un ser humano; es sino un ángel noble». Dijo: «Ése es el que me solicitabais. Ya le solicité, pero se negó. Y si no hace lo que le ordeno, ciertamente, será encarcelado y será de los humillados». Dijo: «¡Señor mío! Prefiero la cárcel a lo a que me invitáis. Y si no aparta de mí Su favor, seguiré su consejo y seré de los ignorantes». Así respondió su Señor a su invocación y apartó de él la astucia de ellas. En verdad, Él es el Oidor, el Omnisciente. Luego les pareció bien encarcelarlo después de ver las señales. Y se le impuso una prueba, y era de los pacientes.} [Yúsuf: 30-35] Y dijo el

Exaltado: {Y entró con él en la cárcel a un joven y otro joven. Y dijo el compañero suyo: «En verdad, os informaré de su interpretación; así que escuchad la interpretación». «Yo veo que soy yo quien da de beber al pueblo, y que tú has sido el que muele. Y vi siete vacas gordas que comían siete flacas, y siete espigas verdes y otras secas. ¡Oh, nobles! Si estáis interpretando un sueño, interpretadme mi sueño». Dijo el otro: «Vuestra comida que os es provista no os llegará esta noche sino que os informaré de su interpretación antes de que venga. Eso es de lo que mi Señor me ha enseñado. En verdad, yo he abandonado la religión de un pueblo que no cree en Alá y son negadores de la otra vida. Y yo sigo la religión de mis padres, Abraham, Isaac y Yaqub. No nos corresponde a nosotros asociar nada con Alá. Eso es de la gracia de Alá sobre nosotros y sobre los hombres, pero la mayoría de los hombres no agradece. ¡Oh, compañeros de la cárcel! ¿Son mejores las sectas separadas o Alá, el Uno, el Irresistible? No adoráis aparte de Él sino nombres que habéis nombrado vosotros y vuestros padres, de los que Alá no ha hecho autoridad. El juicio sólo pertenece a Alá. Se ha ordenado que no adoren sino a Él. Ése es el camino recto». ¡Oh, compañeros de la cárcel! Una de vosotros será el copero del rey, y el otro será el que lo crucifique, y la comida que os es provista no vendrá sino que os informaré de su interpretación. Eso es de lo que mi Señor me ha enseñado. En verdad, yo he abandonado la religión de un pueblo que no cree en Alá y son negadores de la otra vida. Y sigo la religión de mis padres, Abraham, Isaac y Yaqub. No nos corresponde a nosotros asociar nada con Alá. Eso es de la gracia de Alá sobre nosotros y sobre los hombres, pero la mayoría de los hombres no agradece.} [Yúsuf: 36-38] Y dijo el Exaltado: {¡Oh, compañeros de la cárcel! ¿Son mejores las sectas separadas o Alá, el Uno, el

Irresistible? No adoráis aparte de Él sino nombres que habéis nombrado vosotros y vuestros padres, de los que Alá no ha hecho autoridad. El juicio sólo pertenece a Alá. Se ha ordenado que no adoren sino a Él. Ése es el camino recto. ¡Oh, compañeros de la cárcel! Para uno de vosotros será que da de beber al pueblo, y para el otro que será crucificado, y la comida que os es provista no vendrá sino que os informaré de su interpretación. Eso es de lo que mi Señor me ha enseñado. En verdad, yo he abandonado la religión de un pueblo que no cree en Alá y son negadores de la otra vida. Y sigo la religión de mis padres, Abraham, Isaac y Yaqub. No nos corresponde a nosotros asociar nada con Alá. Eso es de la gracia de Alá sobre nosotros y sobre los hombres, pero la mayoría de los hombres no agradece. ¡Oh, compañeros de la cárcel! Una de vosotros será el copero del rey, y el otro será el que lo crucifique, y la comida que os es provista no vendrá sino que os informaré de su interpretación. Eso es de lo que mi Señor me ha enseñado. En verdad, yo he abandonado la religión de un pueblo que no cree en Alá y son negadores de la otra vida. Y sigo la religión de mis padres, Abraham, Isaac y Yaqub. No nos corresponde a nosotros asociar nada con Alá. Eso es de la gracia de Alá sobre nosotros y sobre los hombres, pero la mayoría de los hombres no agradece.} [Yúsuf: 36-40] Y dijo el Exaltado: {Y dijo el que se salvó de los dos: «En verdad, os informaré de eso». Y cuando entró en la cárcel, dijo: «¡Oh, Yúsuf! ¡Oh, el veraz! Interpreta para mí la visión de mi señor». Dijo: «No se os proveerá de comida que os es dada sino que os informaré de su interpretación antes de que venga. Eso es de lo que mi Señor me ha enseñado. En verdad, yo he abandonado la religión de un pueblo que no cree en Alá y son negadores de la otra vida. Y sigo la religión de mis padres, Abraham, Isaac y Yaqub. No nos corresponde a nosotros asociar nada con Alá. Eso es de la gracia de Alá sobre nosotros y sobre los hombres, pero la mayoría de los hombres no agradece. ¡Oh, compañeros de la cárcel! ¿Son mejores las sectas separadas o Alá, el Uno, el Irresistible? No adoráis aparte de Él sino nombres que habéis nombrado vosotros y vuestros padres, de los que Alá no ha hecho autoridad. El juicio sólo pertenece a Alá. Se ha ordenado que no adoren sino a Él. Ése es el camino recto. ¡Oh, compañeros de la cárcel! Una de vosotros será el copero del rey, y el otro será el que lo crucifique, y la comida que os es provista no vendrá sino que os informaré de su interpretación. Eso es de lo que mi Señor me ha enseñado. En verdad, yo he abandonado la religión de un pueblo que no cree en Alá y son negadores de la otra vida. Y sigo la religión de mis padres, Abraham, Isaac y Yaqub. No nos corresponde a nosotros asociar nada con Alá. Eso es de la gracia de Alá sobre nosotros y sobre los hombres, pero la mayoría de los hombres no agradece.»} [Yúsuf: 45-49] Y dijo el Exaltado: {Y el rey dijo: «En verdad, lo veo interpretando el sueño». Dijo el que se salvó de los dos después de un tiempo: «Yo os informaré de su interpretación, así que permitidme salir». Dijo: «¡Oh, Yúsuf! ¡Oh, el veraz! Interpreta para mí la visión de mi señor». Dijo: «No se os proveerá de comida que os es dada sino que os informaré de su interpretación antes de que venga. Eso es de lo que mi Señor me ha enseñado. En verdad, yo he abandonado la religión de un pueblo que no cree en Alá y son negadores de la otra vida. Y sigo la religión de mis padres, Abraham, Isaac y Yaqub. No nos corresponde a nosotros asociar nada con Alá. Eso es de la gracia de Alá sobre nosotros y sobre los hombres, pero la mayoría de los hombres no agradece. ¡Oh, compañeros de la cárcel! Una de vosotros será el copero del rey, y el otro será el que lo crucifique, y la comida que os es provista no vendrá sino que os informaré de su interpretación.

Eso es de lo que mi Señor me ha enseñado. En verdad, yo he abandonado la religión de un pueblo que no cree en Alá y son negadores de la otra vida. Y sigo la religión de mis padres, Abraham, Isaac y Yaqub. No nos corresponde a nosotros asociar nada con Alá. Eso es de la gracia de Alá sobre nosotros y sobre los hombres, pero la mayoría de los hombres no agradece.»} [Yúsuf: 50-55] Y dijo el Exaltado: {Y dijo el rey: «Traédmelo». Y cuando le llegó el mensajero, dijo: «Regresa a tu señor y pregúntale qué era el asunto de las mujeres que se cortaron las manos. En verdad, mi Señor está bien informado de su astucia». Dijo: «¿Qué fue vuestro asunto cuando solicitasteis a Yúsuf?». Dijeron: «¡Glorificado sea! No vemos en él sino un siervo virtuoso». Dijo: «En verdad, me solicitó, pero me negué. Y ahora, si no hace lo que le ordeno, ciertamente, será encarcelado y será de los humillados». Dijo: «¡Señor mío! Prefiero la cárcel a lo a que me invitáis. Y si no aparta de mí Su favor, seguiré su consejo y seré de los ignorantes». Así respondió su Señor a su invocación y apartó de él la astucia de ellas. En verdad, Él es el Oidor, el Omnisciente. Luego les pareció bien encarcelarlo después de ver las señales. Y se le impuso una prueba, y era de los pacientes. Dijo el rey: «En verdad, lo veo interpretando el sueño».} [Yúsuf: 50-55] Y dijo el Exaltado: {Dijo: «Tú serás el tesorero de los alimentos del pueblo, y lo harás interpretar a los dichos». Así establecimos a Yúsuf en la tierra, para que se alojara en ella donde quisiera. Y alcanzamos con Nuestra misericordia a quien queremos. Y no dejamos de recompensar a los que hacen el bien. Y ciertamente, la recompensa de la otra vida es mejor para los que creen y temen.} [Yúsuf: 55-57] Y dijo el Exaltado: {Y entró con él en la cárcel a un joven y otro joven. Y dijo el compañero suyo: «En verdad, os informaré de su interpretación; así que escuchad la interpretación». «Yo veo que soy yo quien da de beber al pueblo, y que tú has sido el que muele. Y vi siete vacas gordas que comían siete flacas, y siete espigas verdes y otras secas. ¡Oh, nobles! Si estáis interpretando un sueño, interpretadme mi sueño». Dijo el otro: «Vuestra comida que os es provista no os llegará esta noche sino que os informaré de su interpretación antes de que venga. Eso es de lo que mi Señor me ha enseñado. En verdad, yo he abandonado la religión de un pueblo que no cree en Alá y son negadores de la otra vida. Y yo sigo la religión de mis padres, Abraham, Isaac y Yaqub. No nos corresponde a nosotros asociar nada con Alá. Eso es de la gracia de Alá sobre nosotros y sobre los hombres, pero la mayoría de los hombres no agradece. ¡Oh, compañeros de la cárcel! ¿Son mejores las sectas separadas o Alá, el Uno, el Irresistible? No adoráis aparte de Él sino nombres que habéis nombrado vosotros y vuestros padres, de los que Alá no ha hecho autoridad. El juicio sólo pertenece a Alá. Se ha ordenado que no adoren sino a Él. Ése es el camino recto». ¡Oh, compañeros de la cárcel! Una de vosotros será el copero del rey, y el otro será el que lo crucifique, y la comida que os es provista no vendrá sino que os informaré de su interpretación. Eso es de lo que mi Señor me ha enseñado. En verdad, yo he abandonado la religión de un pueblo que no cree en Alá y son negadores de la otra vida. Y sigo la religión de mis padres, Abraham, Isaac y Yaqub. No nos corresponde a nosotros asociar nada con Alá. Eso es de la gracia de Alá sobre nosotros y sobre los hombres, pero la mayoría de los hombres no agradece. ¡Oh, compañeros de la cárcel! Una de vosotros será el copero del rey, y el otro será el que lo crucifique, y la comida que os es provista no vendrá sino que os informaré de su interpretación. Eso es de lo que mi Señor me ha enseñado. En verdad, yo he abandonado la religión de un pueblo que no cree en Alá y son negadores de la otra vida. Y sigo la religión de mis padres, Abraham, Isaac y Yaqub. No nos corresponde a nosotros asociar nada con Alá. Eso es de la gracia de Alá sobre nosotros y sobre los hombres, pero la mayoría de los hombres no agradece.} [Yúsuf: 36-40] Ésta es la mención de la historia de Yúsuf en varios lugares del Corán, y hemos hablado de todo ello en el Tafsir. Mencionaremos aquí el resumen de lo que indican estos nobles versos, y lo relacionado con ellos de los hadices transmitidos sobre ello del Mensajero de Alá, que la paz y las bendiciones de Alá sean con él, con la ayuda de Alá. Yúsuf, que la paz sea con él, es el hijo de Yaqub de su esposa Raquel, y es el profeta de Dios, y es el más hermoso de los hombres, y Alá le dio la belleza y el conocimiento y la paciencia. Y vio en un sueño once estrellas y el sol y la luna postrados ante él, y le contó a su padre, y le dijo que no lo contara a sus hermanos, porque tramaban contra él. Y sus hermanos lo odiaban por su belleza y porque su padre lo prefería, y lo arrojaron a un pozo, y lo compró un egipcio, Al-Aziz, y lo trató bien. Y la mujer de Al-Aziz lo solicitó, pero se negó, y ella lo acusó, y fue encarcelado. Y en la cárcel interpretó los sueños de dos jóvenes, y uno de ellos salió y lo mencionó al rey, y el rey soñó con siete vacas gordas que comían siete flacas, y siete espigas verdes y otras secas, y Yúsuf lo interpretó como siete años de abundancia seguidos de siete de hambruna. Y el rey lo sacó de la cárcel y lo hizo tesorero de los alimentos, y prosperó. Y cuando vino la hambruna, vinieron sus hermanos a Egipto por comida, y no lo reconocieron, pero él los reconoció, y los puso a prueba, y pidió que trajeran a Benjamín, su hermano. Y cuando trajeron a Benjamín, lo retuvo, y les dijo que era su hermano, y les perdonó, y les dio provisiones, y se reveló a ellos. Y se reunieron con su padre Yaqub, y se mudaron a Egipto, y Yúsuf los honró. Y relató Al-Bujari y Muslim de Abu Hurayra, que el Mensajero de Alá, que la paz y las bendiciones de Alá sean con él, dijo: «Los mejores nombres son Abdullah y Abdurrahman». Y en el hadiz de Ibn Abbas, que el Profeta, que la paz y las bendiciones de Alá sean con él, dijo: «Yúsuf fue el más paciente de los profetas». Y esto es de las virtudes de Yúsuf, que la paz sea con él, y de su belleza y su paciencia. Y fue profeta y mensajero, y de él descienden muchos de los israelitas.

## Capítulo: La historia de Ayyub, que la paz sea con él

Dijo Alá, el Exaltado: {Y ciertamente, le dimos a Abraham la buena nueva de Ishaq, un profeta de los rectos. Y le bendijo: «¡Paz sobre ti! Y te alabaremos mucho. Nuestro Señor, y acepta de nosotros. En verdad, Tú eres el Oidor, el Omnisciente». Y [recuerda] cuando el Señor de Abraham lo probó con palabras, las cumplió. Dijo: «En verdad, te haré imán para los hombres». Dijo: «Y de mi descendencia». Dijo: «Mi pacto no alcanza a los injustos». Y cuando hicimos de la Casa un lugar de retorno para los hombres y un lugar seguro, y tomad de donde Abraham se erigió el lugar de oración: y pactamos con Abraham e Ismael que purificaran Mi Casa para los rodeadores, los retirados y los inclinados y prosternados. Y cuando Abraham dijo: «¡Señor mío! Haz que esta ciudad sea segura, y provee a sus habitantes de frutos, a quienes de ellos crean en Alá y en el Último Día». Dijo: «Y a quien no crea, le daré un disfrute breve, luego le obligaré al castigo del Fuego. ¡Qué mal destino!». Y cuando Abraham erigió los cimientos de la Casa con Ismael: «¡Señor nuestro! Acéptanos; Tú eres el Oidor, el Omnisciente». «¡Señor nuestro! Y haz que de nuestra descendencia un imán para los mundos». Dijo: «Y la promesa de Mi pacto no alcanza a los injustos».} [Al-Baqara: 124-129] Y dijo el Exaltado: {Y le dimos a él [a Ibrahim] Ishaq y Yaqub, toda una descendencia. Y a cada uno hicimos recto. Y a Nuh lo guiamos antes, y de su descendencia a David, Salomón, Ayub, Yúsuf, Moisés y Harún. Así recompensamos a los que hacen el bien. Y a Zacarías, Yahya, Jesús y Elías: todos eran de los rectos. Y a Ismael, Al-Yasa, Yunus y Lut: a cada uno preferimos sobre los mundos. Y de sus padres, descendientes y hermanos: y elegimos de ellos. Y les guiamos al camino recto. Ése es el favor de Alá; lo concede a quien quiere de Sus siervos. Y quien se aparta de Su favor, en verdad, Alá es el Rico, el Praiseworthy.} [Al-An'am: 84-92] Y dijo el Exaltado: {Y [menciona] cuando Abraham dijo: «¡Señor mío! Haz que esta ciudad sea segura, y provee a sus habitantes de frutos, a quienes de ellos crean en Alá y en el Último Día». Dijo: «Y a quien no crea, le daré un disfrute breve, luego le obligaré al castigo del Fuego. ¡Qué mal destino!». Y cuando Abraham erigió los cimientos de la Casa con Ismael: «¡Señor nuestro! Acéptanos; Tú eres el Oidor, el Omnisciente». «¡Señor nuestro! Y haz que sus corazones se inclinen hacia Abraham, y danos una lengua de su lengua, para que podamos alabarte y recordarte mucho. Nuestro Señor, y haznos testigos de Ti el Día de la Resurrección. En verdad, Tú no fallas en la promesa. Nuestro Señor, no nos hagas objeto de escrutinio de los incrédulos, y perdónanos, Señor nuestro. En verdad, Tú eres el Poderoso, el Sabio. En verdad, te mostramos un ejemplo excelente. Síguenlo, para que prosperéis. Así selló Alá la verdad y la justicia, y no se cumple un ejemplo mejor que el de Alá. Él es el Poderoso, el Sabio.»} [Ibrahim: 35-41] Y dijo el Exaltado: {Y [recuerda] cuando el Señor de Abraham lo probó con palabras, las cumplió. Dijo: «En verdad, te haré imán para los hombres». Dijo: «Y de mi descendencia». Dijo: «Mi pacto no alcanza a los injustos».} [Al-Baqara: 124] Ésta es la mención de la historia de Ayyub en varios lugares del Corán, y hemos hablado de todo ello en el Tafsir. Mencionaremos aquí el resumen de lo que indican estos nobles versos, y lo relacionado con ellos de los hadices transmitidos sobre ello del Mensajero de Alá, que la paz y las bendiciones de Alá sean con él, con la ayuda de Alá. Ayyub, que la paz sea con él, es el profeta de Dios, y es descendiente de Ishaq ibn Ibrahim, y se le menciona entre los profetas rectos y pacientes. Y era un hombre rico y piadoso, y temía a Alá, y adoraba a Alá solo. Y Satanás incitó a su esposa a que le pidiera que maldijera a Alá por su aflicción, pero él no lo hizo, y Alá lo recompensó con la salud y la riqueza doble. Y relató Al-Bujari y Muslim de Abu Hurayra, que el Mensajero de Alá, que la paz y las bendiciones de Alá sean con él, dijo: «El profeta Ayyub no tenía hijos cuando le afligió su Señor, excepto un hijo que tenía, y Satanás se lo llevó». Y en el hadiz de Ibn Abbas, que el Profeta, que la paz y las bendiciones de Alá sean con él, dijo: «Ayyub fue afligido dieciocho años». Y esto es de las virtudes de Ayyub, que la paz sea con él, y de su paciencia extrema. Y fue profeta y mensajero, y de él descienden muchos de los israelitas.

## Capítulo: La historia de Shu'ayb, que la paz sea con él

Dijo Alá, el Exaltado: {Y a Madian [enviamos] a su hermano Shu'ayb. Dijo: «¡Oh, pueblo mío! ¡Adorad a Alá! No tenéis otro dios que Él. Os ha llegado una prueba clara de vuestro Señor. Dad el peso justo y completo, y no defraudéis a los hombres en sus bienes, ni corrompáis en la tierra después de su reforma. Eso es mejor para vosotros, si sois creyentes. Y no acechéis en cada camino amenazando y apartando del camino de Alá a quien cree en Él, y buscáis en él torceduras. Recordad cuando erais pocos, y Él os multiplicó. Y mirad cómo fue el fin de los corrompidores. Y si hay un grupo de vosotros que cree en lo con que fui enviado y otro grupo que no cree, sed pacientes hasta que Alá juzgue entre nosotros. Él es el mejor de los jueces». Dijo la asamblea de su pueblo, los que se llenaron de soberbia: «¡Oh, Shu'ayb! Ciertamente, te expulsaremos a ti y a los que contigo creen de nuestra aldea, o que volváis a nuestra religión». Dijo: «¿Aunque seamos reacios? Inventaríamos sobre Alá una mentira si volviéramos a vuestra religión, siendo que nuestro Señor nos ha provisto de Su misericordia. Mejor nos sometemos a nuestro Señor que a vosotros». Dijo la asamblea de su pueblo, los que no creían: «Si seguís a Shu'ayb, en verdad, seréis destruidos». Así los tomó el terremoto, y amanecieron en sus moradas postrados. Los que desmintieron a Shu'ayb fueron como si no hubieran prosperado en ellas. ¡Lejos sea Madian, como Thamud pereció!} [Al-A'raf: 85-93] Y dijo el Exaltado: {Y a Madian [enviamos] a Shu'ayb. Dijo: «¡Oh, pueblo mío! ¡Adorad a Alá! No tenéis otro dios que Él. Os ha llegado una prueba clara de vuestro Señor. Dad el peso justo y completo, y no defraudéis a los hombres en sus bienes, ni corrompáis en la tierra después de su reforma. Eso es mejor para vosotros, si sois creyentes. Y no acechéis en cada camino amenazando y apartando del camino de Alá a quien cree en Él, y buscáis en él torceduras. Recordad cuando erais pocos, y Él os multiplicó. Y mirad cómo fue el fin de los corrompidores». Y si hay un grupo de vosotros que cree en lo con que fui enviado y otro grupo que no cree, sed pacientes hasta que Alá juzgue entre nosotros. Él es el mejor de los jueces. Dijo la asamblea de su pueblo, los que se llenaron de soberbia: «¡Oh, Shu'ayb! Ciertamente, te expulsaremos a ti y a los que contigo creen de nuestra aldea, o que volváis a nuestra religión». Dijo: «¿Aunque seamos reacios? Inventaríamos sobre Alá una mentira si volviéramos a vuestra religión, siendo que nuestro Señor nos ha provisto de Su misericordia. Mejor nos sometemos a nuestro Señor que a vosotros». Dijo la asamblea de su pueblo, los que no creían: «Si seguís a Shu'ayb, en verdad, seréis destruidos». Así los tomó el terremoto, y amanecieron en sus moradas postrados. Los que desmintieron a Shu'ayb fueron como si no hubieran prosperado en ellas. ¡Lejos sea Madian, como Thamud pereció!} [Hud: 84-95] Y dijo el Exaltado: {Y a Madian [enviamos] a Shu'ayb. Dijo: «¡Oh, pueblo mío! ¡Adorad a Alá! No tenéis otro dios que Él. Os ha llegado una prueba clara de vuestro Señor. Dad el peso justo y completo, y no defraudéis a los hombres en sus bienes, ni corrompáis en la tierra después de su reforma. Eso es mejor para vosotros, si sois creyentes. Y no acechéis en cada camino amenazando y apartando del camino de Alá a quien cree en Él, y buscáis en él torceduras. Recordad cuando erais pocos, y Él os multiplicó. Y mirad cómo fue el fin de los corrompidores».} [Ash-Shu'ara: 177-185] Y dijo el Exaltado: {Y a Madian [enviamos] a su hermano Shu'ayb. Ellos eran antes de vosotros un pueblo transgresor. Así los tomamos por su pecado, y enviamos sobre ellos una lluvia de piedras. Y entre ellos había siervos escogidos. Y no pudiste guiar a los ciegos de su error, ni guiar a los sordos de su error, sino a quien cree en Nuestro signo y se somete. Y cuando vino Nuestra ira, los salvamos por misericordia Nuestra, a los que eran creyentes y no eran de los injustos.} [Al-Hiyr: 58-60] Y dijo el Exaltado: {Y a Thamud y a Madian dimos a Moisés una evidencia clara. Y a ambos pueblos hicimos que se desviaran por su pecado, y de ambos hicimos que les alcanzara un castigo terrible.} [Fussilat: 13] Y dijo el Exaltado: {Y el pueblo de Shu'ayb, cuando decían: «¡Oh, Shu'ayb! Tu oración no nos aprovecha nada, y vemos que eres un hombre necio entre nosotros, y si no fuera por tu familia, te habríamos lapidado, y no eres para nosotros poderoso». Dijo: «¡Oh, pueblo mío! ¿Acaso mi familia es más poderosa para vosotros que Alá, y la tomáis por detrás? En verdad, mi Señor abarca lo que hacéis. ¡Oh, pueblo mío! Haced lo que os es posible, y yo haré. Sabréis a quién le toca el castigo que lo avergüence, y quién es el mentiroso. Y esperad, en verdad, estoy con vosotros de los que esperan. Y cuando vino Nuestra orden, salvamos a Shu'ayb y a los que creyeron con él por misericordia Nuestra, y los que fueron injustos, los tomó el Grito terrible, y amanecieron en sus moradas postrados, como si no hubieran prosperado en ellas. ¡Lejos sea el pueblo de Shu'ayb, como Thamud pereció!} [Hud: 91-94] Ésta es la mención de la historia de Shu'ayb en varios lugares del Corán, y hemos hablado de todo ello en el Tafsir. Mencionaremos aquí el resumen de lo que indican estos nobles versos, y lo relacionado con ellos de los hadices transmitidos sobre ello del Mensajero de Alá, que la paz y las bendiciones de Alá sean con él, con la ayuda de Alá. Shu'ayb, que la paz sea con él, es el profeta de Dios, y es descendiente de Madian ibn Ibrahim, y se le envió a su pueblo Madian, que eran un pueblo que defraudaban en el peso y la medida, y acechaban los caminos para robar y amenazar, y adoraban ídolos. Y les llamó a adorar a

Alá solo, y a dar el peso justo y completo, y a no corromper en la tierra, y a no acechar los caminos. Pero le desmintieron, y le dijeron: Expulsadlo a él y a los que creen con él, o que vuelvan a nuestra religión. Y Shu'ayb les dijo: ¿Aunque seamos reacios? Inventaríamos sobre Alá una mentira. Mejor nos sometemos a nuestro Señor que a vosotros. Y cuando vino la orden de Alá, los tomó un terremoto, y perecieron todos los incrédulos. Y salvó Alá a Shu'ayb y a los creyentes con él por misericordia Nuestra. Y Madian eran un pueblo de gran estatura y fuerza, y habitaban tiendas y palacios, y eran tiranos en la tierra. Y relató Al-Bujari y Muslim de Abu Hurayra, que el Mensajero de Alá, que la paz y las bendiciones de Alá sean con él, dijo: «Shu'ayb fue el primero en dar el peso justo». Y en el hadiz de Ibn Abbas, que el Profeta, que la paz y las bendiciones de Alá sean con él, dijo: «Los profetas son hermanos paternos; tienen una misma religión, pero madres diferentes». Y esto es de las virtudes de Shu'ayb, que la paz sea con él, y de su elocuencia y su paciencia. Y fue profeta y mensajero, y de él descienden muchos de los madianitas.

## Capítulo: La historia de Moisés, que la paz sea con él

Dijo Alá, el Exaltado: {Y ciertamente, le dimos a Abraham la buena nueva de Ishaq, un profeta de los rectos. Y le bendijo: «¡Paz sobre ti! Y te alabaremos mucho. Nuestro Señor, y acepta de nosotros. En verdad, Tú eres el Oidor, el Omnisciente». Y [recuerda] cuando el Señor de Abraham lo probó con palabras, las cumplió. Dijo: «En verdad, te haré imán para los hombres». Dijo: «Y de mi descendencia». Dijo: «Mi pacto no alcanza a los injustos». Y cuando hicimos de la Casa un lugar de retorno para los hombres y un lugar seguro, y tomad de donde Abraham se erigió el lugar de oración: y pactamos con Abraham e Ismael que purificaran Mi Casa para los rodeadores, los retirados y los inclinados y prosternados. Y cuando Abraham dijo: «¡Señor mío! Haz que esta ciudad sea segura, y provee a sus habitantes de frutos, a quienes de ellos crean en Alá y en el Último Día». Dijo: «Y a quien no crea, le daré un

disfrute breve, luego le obligaré al castigo del Fuego. ¡Qué mal destino!». Y cuando Abraham erigió los cimientos de la Casa con Ismael: «¡Señor nuestro! Acéptanos; Tú eres el Oidor, el Omnisciente». «¡Señor nuestro! Y haz que de nuestra descendencia un imán para los mundos». Dijo: «Y la promesa de Mi pacto no alcanza a los injustos».} [Al-Baqara: 124-129] Y dijo el Exaltado: {Y le dimos a él [a Ibrahim] Ishaq y Yaqub, toda una descendencia. Y a cada uno hicimos recto. Y a Nuh lo guiamos antes, y de su descendencia a David, Salomón, Ayub, Yúsuf, Moisés y Harún. Así recompensamos a los que hacen el bien. Y a Zacarías, Yahya, Jesús y Elías: todos eran de los rectos. Y a Ismael, Al-Yasa, Yunus y Lut: a cada uno preferimos sobre los mundos. Y de sus padres, descendientes y hermanos: y elegimos de ellos. Y les guiamos al camino recto. Ése es el favor de Alá; lo concede a quien quiere de Sus siervos. Y quien se aparta de Su favor, en verdad, Alá es el Rico, el Praiseworthy.} [Al-

An'am: 84-92] Y dijo el Exaltado: {Y [menciona] cuando Abraham dijo: «¡Señor mío! Haz que esta ciudad sea segura, y provee a sus habitantes de frutos, a quienes de ellos crean en Alá y en el Último Día». Dijo: «Y a quien no crea, le daré un disfrute breve, luego le obligaré al castigo del Fuego. ¡Qué mal destino!». Y cuando Abraham erigió los cimientos de la Casa con Ismael: «¡Señor nuestro! Acéptanos; Tú eres el Oidor, el Omnisciente». «¡Señor nuestro! Y haz que sus corazones se inclinen hacia Abraham, y danos una lengua de su lengua, para que podamos alabarte y recordarte mucho. Nuestro Señor, y haznos testigos de Ti el Día de la Resurrección. En verdad, Tú no fallas en la promesa. Nuestro Señor, no nos hagas objeto de escrutinio de los incrédulos, y perdónanos, Señor nuestro. En verdad, Tú eres el Poderoso, el Sabio. En verdad, te mostramos un ejemplo excelente. Síguenlo, para que prosperéis. Así selló Alá la verdad y la justicia, y no se cumple un ejemplo mejor que el de Alá. Él es el Poderoso, el Sabio.»} [Ibrahim: 35-41] Y dijo el Exaltado: {Y [recuerda] cuando el Señor de Abraham lo probó con palabras, las cumplió. Dijo: «En verdad, te haré imán para los hombres». Dijo: «Y de mi descendencia». Dijo: «Mi pacto no alcanza a los injustos».} [Al-Baqara: 124] Ésta es la mención de la historia de Musa en varios lugares del Corán, y hemos hablado de todo ello en el Tafsir. Mencionaremos aquí el resumen de lo que indican estos nobles versos, y lo relacionado con ellos de los hadices transmitidos sobre ello del Mensajero de Alá, que la paz y las bendiciones de Alá sean con él, con la ayuda de Alá. Musa, que la paz sea con él, es el profeta de Dios, y es el kalim (el que habla directamente con Dios), y es uno de los cinco de determinación firme: Nuh, Ibrahim, Musa, Isa y Muhammad, que las oraciones de Alá sean sobre ellos. Y nació en el tiempo de Firawn, que mataba a los hijos de los israelitas, y su madre lo puso en una cesta y lo arrojó al Nilo, y lo encontró la familia de Firawn, y lo criaron. Y Alá le inspiró a su madre que lo amamantara, y lo devolvió a ella. Y creció Musa fuerte y de buen parecer, y mató a un egipcio que agredía a un israelita, y huyó a Madian. Y en Madian se casó con la hija de Shu'ayb, y pastoreó ovejas. Y un día vio un fuego en el monte Tur, y Alá le habló y le dio el Libro y la sabiduría, y le hizo profeta y mensajero, y le dio el bastón y la mano blanca como signos. Y le ordenó que fuera a Firawn y lo llamara a adorar a Alá solo, y que liberara a los israelitas. Y fue con su hermano Harún, y Firawn lo desmintió, y Alá envió plagas sobre él y su pueblo, hasta que los dejó ir. Y los israelitas cruzaron el mar, y Firawn los siguió y se ahogó. Y Alá les dio el maná y las codornices, y les ordenó entrar en la Tierra Santa, pero desobedecieron. Y Musa subió al monte Tur por cuarenta noches, y su pueblo adoró el becerro de oro que hizo As-Samiri. Y cuando bajó, se enfureció y rompió las tablas. Y Alá le dio otras tablas, y les ordenó la Torá. Y habló con Alá directamente, y vio el monte Tur. Y relató Al-Bujari y Muslim de Abu Hurayra, que el Mensajero de Alá, que la paz y las bendiciones de Alá sean con él, dijo: «Musa era un hombre tímido, y solía cubrirse el cuerpo». Y en el hadiz de Ibn Abbas, que el Profeta, que la paz y las bendiciones de Alá sean con él, dijo: «Musa fue el primero en ser profeta después de Ibrahim». Y esto es de las virtudes de Musa, que la paz sea con él, y de su paciencia y su fortaleza. Y fue profeta y mensajero, y de él descienden muchos de los israelitas.

## Capítulo: La historia de Harún, que la paz sea con él

Dijo Alá, el Exaltado: {Y le dimos a él [a Ibrahim] Ishaq y Yaqub, toda una descendencia. Y a cada uno hicimos recto. Y a Nuh lo guiamos antes, y de su descendencia a David, Salomón, Ayub, Yúsuf, Moisés y Harún. Así recompensamos a los que hacen el bien. Y a Zacarías, Yahya, Jesús y Elías: todos eran de los rectos. Y a Ismael, Al-Yasa, Yunus y Lut: a cada uno preferimos sobre los mundos. Y de sus padres, descendientes y hermanos: y elegimos de ellos. Y les guiamos al camino recto. Ése es el favor de Alá; lo concede a quien quiere de Sus siervos. Y quien se aparta de Su favor, en verdad, Alá es el Rico, el Praiseworthy.} [Al-An'am: 84-92] Y dijo el Exaltado: {Y [menciona] cuando Abraham dijo: «¡Señor mío! Haz que esta ciudad sea segura, y provee a sus habitantes de frutos, a quienes de ellos crean en Alá y en el Último Día». Dijo: «Y a quien no crea, le daré un disfrute breve, luego le obligaré al castigo del Fuego.

¡Qué mal destino!». Y cuando Abraham erigió los cimientos de la Casa con Ismael: «¡Señor nuestro! Acéptanos; Tú eres el Oidor, el Omnisciente». «¡Señor nuestro! Y haz que sus corazones se inclinen hacia Abraham, y danos una lengua de su lengua, para que podamos alabarte y recordarte mucho. Nuestro Señor, y haznos testigos de Ti el Día de la Resurrección. En verdad, Tú no fallas en la promesa. Nuestro Señor, no nos hagas objeto de escrutinio de los incrédulos, y perdónanos, Señor nuestro. En verdad, Tú eres el Poderoso, el Sabio. En verdad, te mostramos un ejemplo excelente. Síguenlo, para que prosperéis. Así selló Alá la verdad y la justicia, y no se cumple un ejemplo mejor que el de Alá. Él es el Poderoso, el Sabio.»} [Ibrahim: 35-41] Y dijo el Exaltado: {Y [recuerda] cuando el Señor de Abraham lo probó con palabras, las cumplió. Dijo: «En verdad, te haré imán para los hombres». Dijo: «Y de mi descendencia». Dijo: «Mi pacto no alcanza a los injustos».} [Al-Baqara: 124] Y dijo el Exaltado: {Y le dimos a él [a Ibrahim] Ishaq y Yaqub, toda una descendencia. Y a cada uno hicimos recto. Y a Nuh lo guiamos antes, y de su descendencia a David, Salomón, Ayub, Yúsuf, Moisés y Harún. Así recompensamos a los que hacen el bien.} [Al-An'am: 84] Ésta es la mención de la historia de Harún en varios lugares del Corán, y hemos hablado de todo ello en el Tafsir. Mencionaremos aquí el resumen de lo que indican estos nobles versos, y lo relacionado con ellos de los hadices transmitidos sobre ello del Mensajero de Alá, que la paz y las bendiciones de Alá sean con él, con la ayuda de Alá. Harún, que la paz sea con él, es el hermano de Musa, hijo de Imran ibn Qahath ibn Lawi ibn Yaqub, y es el profeta de Dios, y fue el ministro y portavoz de Musa ante Firawn, porque Musa tartamudeaba un poco. Y Alá lo eligió y lo hizo profeta, y le ordenó a Musa que lo tomara como ministro, y le dijo: {Haz de tu hermano un auxilio para ti}. Y Harún era elocuente y piadoso, y ayudó a Musa en su misión, y cuando Musa subió al monte Tur, Harún quedó a cargo del pueblo, pero ellos adoraron el becerro de oro, y Harún no pudo detenerlos. Y Musa lo reprendió, pero lo perdonó, y Harún continuó como profeta entre los israelitas. Y relató Al-Bujari y Muslim de Abu Hurayra, que el Mensajero de Alá, que la paz y las bendiciones de Alá sean con él, dijo: «Harún fue el más elocuente de los hombres». Y en el hadiz de Ibn Abbas, que el Profeta, que la paz y las bendiciones de Alá sean con él, dijo: «Los profetas son hermanos paternos; tienen una misma religión, pero madres diferentes». Y esto es de las virtudes de Harún, que la paz sea con él, y de su elocuencia y su obediencia. Y fue profeta y mensajero, y de él descienden muchos de los levitas.

## Capítulo: La historia de Dhul-Kifl, que la paz sea con él

Dijo Alá, el Exaltado: {Y ciertamente, le dimos a Abraham la buena nueva de Ishaq, un profeta de los rectos. Y le bendijo: «¡Paz sobre ti! Y te alabaremos mucho. Nuestro Señor, y acepta de nosotros. En verdad, Tú eres el Oidor, el Omnisciente». Y [recuerda] cuando el Señor de Abraham lo probó con palabras, las cumplió. Dijo: «En verdad, te haré imán para los hombres». Dijo: «Y de mi descendencia». Dijo: «Mi pacto no alcanza a los injustos». Y cuando hicimos de la Casa un lugar de retorno para los hombres y un lugar seguro, y tomad de donde Abraham se erigió el lugar de oración: y pactamos con Abraham e Ismael que purificaran Mi Casa para los rodeadores, los retirados y los inclinados y prosternados. Y cuando Abraham dijo: «¡Señor mío! Haz que esta ciudad sea segura, y provee a sus habitantes de frutos, a quienes de ellos crean en Alá y en el Último Día». Dijo: «Y a quien no crea, le daré un disfrute breve, luego le obligaré al castigo del Fuego. ¡Qué mal destino!». Y cuando Abraham erigió los cimientos de la Casa con Ismael: «¡Señor nuestro! Acéptanos; Tú eres el Oidor, el Omnisciente». «¡Señor nuestro! Y haz que de nuestra descendencia un imán para los mundos». Dijo: «Y la promesa de Mi pacto no alcanza a los injustos».} [Al-Baqara: 124-129]

Y dijo el Exaltado: {Y le dimos a él [a Ibrahim] Ishaq y Yaqub, toda una descendencia. Y a cada uno hicimos recto. Y a Nuh lo guiamos antes, y de su descendencia a David, Salomón, Ayub, Yúsuf, Moisés y Harún. Así recompensamos a los que hacen el bien. Y a Zacarías, Yahya, Jesús y Elías: todos eran de los rectos. Y a Ismael, Al-Yasa, Yunus y Lut: a cada uno preferimos sobre los mundos. Y de sus padres, descendientes y hermanos: y elegimos de ellos. Y les guiamos al camino recto. Ése es el favor de Alá; lo concede a quien quiere de Sus siervos. Y quien se aparta de Su favor, en verdad, Alá es el Rico, el Praiseworthy.} [Al-An'am: 84-92] Y dijo el Exaltado: {Y [menciona] a Ismael, Al-Yasa', Yunus y Lut: a cada uno preferimos sobre los mundos. Y de sus padres, descendientes y hermanos: y elegimos de ellos. Y les guiamos al camino recto.} [Al-An'am: 86-87] Y dijo el Exaltado: {Y [recuerda] a Dhul-Kifl entre ellos, y a Dhul-Qarnayn y Yúsuf. Y cada uno era de los escogidos.} [Al-Anbiya: 85-86] Ésta es la mención de la historia de Dhul-Kifl en varios lugares del Corán, y hemos hablado de todo ello en el Tafsir. Mencionaremos aquí el resumen de lo que indican estos nobles versos, y lo relacionado con ellos de los hadices transmitidos sobre ello del Mensajero de Alá, que la paz y las bendiciones de Alá sean con él, con la ayuda de Alá. Dhul-Kifl, que la paz sea con él, es el profeta de Dios, y se dice que es el hijo de Ayyub, o Jobab ibn Zerah, y es mencionado entre los profetas rectos y escogidos. Y se dice que era un hombre justo y piadoso, y asumió la responsabilidad de juzgar entre su pueblo, y juró por Alá que no pecaría ni descuidaría sus deberes, y Alá lo aceptó como profeta por su paciencia y su justicia. Y relató Al-Bujari y Muslim de Abu Hurayra, que el Mensajero de Alá, que la paz y las bendiciones de Alá sean con él, dijo: «Dhul-Kifl era un hombre justo entre su pueblo». Y en el hadiz de Ibn Abbas, que el Profeta, que la paz y las bendiciones de Alá sean con él, dijo: «Los profetas son hermanos paternos; tienen una misma religión, pero madres diferentes». Y esto es de las virtudes de Dhul-Kifl, que la paz sea con él, y de su justicia y su paciencia. Y fue profeta y mensajero, y de él se dice que gobernó con equidad.

## Capítulo: La historia de Dawud, que la paz sea con él

Dijo Alá, el Exaltado: {Y le dimos a él [a Ibrahim] Ishaq y Yaqub, toda una descendencia. Y a cada uno hicimos recto. Y a Nuh lo guiamos antes, y de su descendencia a David, Salomón, Ayub, Yúsuf, Moisés y Harún. Así recompensamos a los que hacen el bien. Y a Zacarías, Yahya, Jesús y Elías: todos eran de los rectos. Y a Ismael, Al-Yasa, Yunus y Lut: a cada uno preferimos sobre los mundos. Y de sus padres, descendientes y hermanos: y elegimos de ellos. Y les guiamos al camino recto. Ése es el favor de Alá; lo concede a quien quiere de Sus siervos. Y quien se aparta de Su favor, en verdad, Alá es el Rico, el Praiseworthy.} [Al-An'am: 84-92] Y dijo el Exaltado: {Y ciertamente, le dimos a Abraham la buena nueva de Ishaq, un profeta de los rectos. Y le bendijo: «¡Paz sobre ti! Y te alabaremos mucho. Nuestro Señor, y acepta de nosotros. En verdad, Tú eres el Oidor, el Omnisciente». Y [recuerda] cuando el Señor de

Abraham lo probó con palabras, las cumplió. Dijo: «En verdad, te haré imán para los hombres». Dijo: «Y de mi descendencia». Dijo: «Mi pacto no alcanza a los injustos». Y cuando hicimos de la Casa un lugar de retorno para los hombres y un lugar seguro, y tomad de donde Abraham se erigió el lugar de oración: y pactamos con Abraham e Ismael que purificaran Mi Casa para los rodeadores, los retirados y los inclinados y prosternados. Y cuando Abraham dijo: «¡Señor mío! Haz que esta ciudad sea segura, y provee a sus habitantes de frutos, a quienes de ellos crean en Alá y en el Último Día». Dijo: «Y a quien no crea, le daré un disfrute breve, luego le obligaré al castigo del Fuego. ¡Qué mal destino!». Y cuando Abraham erigió los cimientos de la Casa con Ismael: «¡Señor nuestro! Acéptanos; Tú eres el Oidor, el Omnisciente». «¡Señor nuestro! Y haz que de nuestra descendencia un imán para los mundos». Dijo: «Y la promesa de Mi pacto no alcanza a los injustos».} [Al-

Baqara: 124-129] Y dijo el Exaltado: {Y [menciona] cuando Abraham dijo: «¡Señor mío! Haz que esta ciudad sea segura, y provee a sus habitantes de frutos, a quienes de ellos crean en Alá y en el Último Día». Dijo: «Y a quien no crea, le daré un disfrute breve, luego le obligaré al castigo del Fuego. ¡Qué mal destino!». Y cuando Abraham erigió los cimientos de la Casa con Ismael: «¡Señor nuestro! Acéptanos; Tú eres el Oidor, el Omnisciente». «¡Señor nuestro! Y haz que sus corazones se inclinen hacia Abraham, y danos una lengua de su lengua, para que podamos alabarte y recordarte mucho. Nuestro Señor, y haznos testigos de Ti el Día de la Resurrección. En verdad, Tú no fallas en la promesa. Nuestro Señor, no nos hagas objeto de escrutinio de los incrédulos, y perdónanos, Señor nuestro. En verdad, Tú eres el Poderoso, el Sabio. En verdad, te mostramos un ejemplo excelente. Síguenlo, para que prosperéis. Así selló Alá la verdad y la justicia, y no se cumple un ejemplo mejor que el de Alá. Él es el Poderoso, el Sabio.»} [Ibrahim: 35-41] Y dijo el Exaltado: {Y [recuerda] cuando el Señor de Abraham lo probó con palabras, las cumplió. Dijo: «En verdad, te haré imán para los hombres». Dijo: «Y de mi descendencia». Dijo: «Mi pacto no alcanza a los injustos».} [Al-Baqara: 124] Ésta es la mención de la historia de Dawud en varios lugares del Corán, y hemos hablado de todo ello en el Tafsir. Mencionaremos aquí el resumen de lo que indican estos nobles versos, y lo relacionado con ellos de los hadices transmitidos sobre ello del Mensajero de Alá, que la paz y las bendiciones de Alá sean con él, con la ayuda de Alá. Dawud, que la paz sea con él, es el profeta de Dios, y es descendiente de Yaqub ibn Ishaq ibn Ibrahim, y es el rey y profeta, y Alá le dio el Libro (el Salmos) y la sabiduría, y le ablandó el hierro en su mano, y le sometió los vientos y los yinn. Y mató a Yalut (Goliath) con una honda, y se convirtió en rey de los israelitas, y juzgó con justicia, y adoraba a Alá mucho. Y Alá le enseñó el Salmos, y le hizo cantar con voz melodiosa, y los pájaros y las montañas le glorificaban con él. Y relató Al-Bujari y Muslim de Abu Hurayra, que el Mensajero de Alá, que la paz y las bendiciones de Alá sean con él, dijo: «Dawud era el más devoto de los hombres en el ayuno». Y en el hadiz de Ibn Abbas, que el Profeta, que la paz y las bendiciones de Alá sean con él, dijo: «Los profetas son hermanos paternos; tienen una misma religión, pero madres diferentes». Y esto es de las virtudes de Dawud, que la paz sea con él, y de su justicia y su devoción. Y fue profeta y mensajero, y de él descienden Salomón y otros profetas.

## Capítulo: La historia de Sulayman, que la paz sea con él

Dijo Alá, el Exaltado: {Y le dimos a él [a Ibrahim] Ishaq y Yaqub, toda una descendencia. Y a cada uno hicimos recto. Y a Nuh lo guiamos antes, y de su descendencia a David, Salomón, Ayub, Yúsuf, Moisés y Harún. Así recompensamos a los que hacen el bien. Y a Zacarías, Yahya, Jesús y Elías: todos eran de los rectos. Y a Ismael, Al-Yasa, Yunus y Lut: a cada uno preferimos sobre los mundos. Y de sus padres, descendientes y hermanos: y elegimos de ellos. Y les guiamos al camino recto. Ése es el favor de Alá; lo concede a quien quiere de Sus siervos. Y quien se aparta de Su favor, en verdad, Alá es el Rico, el Praiseworthy.} [Al-An'am: 84-92] Y dijo el Exaltado: {Y ciertamente, le dimos a Abraham la buena nueva de Ishaq, un profeta de los rectos. Y le bendijo: «¡Paz sobre ti! Y te alabaremos mucho. Nuestro Señor, y acepta de nosotros. En verdad, Tú eres el Oidor, el Omnisciente». Y [recuerda] cuando el Señor de

Abraham lo probó con palabras, las cumplió. Dijo: «En verdad, te haré imán para los hombres». Dijo: «Y de mi descendencia». Dijo: «Mi pacto no alcanza a los injustos». Y cuando hicimos de la Casa un lugar de retorno para los hombres y un lugar seguro, y tomad de donde Abraham se erigió el lugar de oración: y pactamos con Abraham e Ismael que purificaran Mi Casa para los rodeadores, los retirados y los inclinados y prosternados. Y cuando Abraham dijo: «¡Señor mío! Haz que esta ciudad sea segura, y provee a sus habitantes de frutos, a quienes de ellos crean en Alá y en el Último Día». Dijo: «Y a quien no crea, le daré un disfrute breve, luego le obligaré al castigo del Fuego. ¡Qué mal destino!». Y cuando Abraham erigió los cimientos de la Casa con Ismael: «¡Señor nuestro! Acéptanos; Tú eres el Oidor, el Omnisciente». «¡Señor nuestro! Y haz que de nuestra descendencia un imán para los mundos». Dijo: «Y la promesa de Mi pacto no alcanza a los injustos».} [Al-

Baqara: 124-129] Y dijo el Exaltado: {Y [menciona] cuando Abraham dijo: «¡Señor mío! Haz que esta ciudad sea segura, y provee a sus habitantes de frutos, a quienes de ellos crean en Alá y en el Último Día». Dijo: «Y a quien no crea, le daré un disfrute breve, luego le obligaré al castigo del Fuego. ¡Qué mal destino!». Y cuando Abraham erigió los cimientos de la Casa con Ismael: «¡Señor nuestro! Acéptanos; Tú eres el Oidor, el Omnisciente». «¡Señor nuestro! Y haz que sus corazones se inclinen hacia Abraham, y danos una lengua de su lengua, para que podamos alabarte y recordarte mucho. Nuestro Señor, y haznos testigos de Ti el Día de la Resurrección. En verdad, Tú no fallas en la promesa. Nuestro Señor, no nos hagas objeto de escrutinio de los incrédulos, y perdónanos, Señor nuestro. En verdad, Tú eres el Poderoso, el Sabio. En verdad, te mostramos un ejemplo excelente. Síguenlo, para que prosperéis. Así selló Alá la verdad y la justicia, y no se cumple un ejemplo mejor que el de Alá. Él es el Poderoso, el Sabio.»} [Ibrahim: 35-41] Y dijo el Exaltado: {Y [recuerda] cuando el Señor de Abraham lo probó con palabras, las cumplió. Dijo: «En verdad, te haré imán para los hombres». Dijo: «Y de mi descendencia». Dijo: «Mi pacto no alcanza a los injustos».} [Al-Baqara: 124] Ésta es la mención de la historia de Sulayman en varios lugares del Corán, y hemos hablado de todo ello en el Tafsir. Mencionaremos aquí el resumen de lo que indican estos nobles versos, y lo relacionado con ellos de los hadices transmitidos sobre ello del Mensajero de Alá, que la paz y las bendiciones de Alá sean con él, con la ayuda de Alá. Sulayman, que la paz sea con él, es el hijo de Dawud de su esposa Batseba, y es el profeta y rey de Dios, y Alá le dio un reino que no se dará a nadie después de él, y le sometió los vientos, los yinn, los hombres y las aves. Y era sabio y justo, y juzgaba entre la gente con equidad, y adoraba a Alá mucho, y leía el Salmos de su padre

Dawud. Y Alá le dio el don de entender el lenguaje de las aves y las hormigas, y controlaba a los yinn que construían palacios y estatuas para él. Y la reina de Saba vino a él con su pueblo, y se sometió a Alá después de ver sus signos. Y Sulayman pedía a Alá la sabiduría y el reino, y Alá se lo concedió. Y relató Al-Bujari y Muslim de Abu Hurayra, que el Mensajero de Alá, que la paz y las bendiciones de Alá sean con él, dijo: «Sulayman no dijo nunca: Soy mejor que nadie, sino que: Soy un siervo de Alá y Su profeta». Y en el hadiz de Ibn Abbas, que el Profeta, que la paz y las bendiciones de Alá sean con él, dijo: «Los profetas son hermanos paternos; tienen una misma religión, pero madres diferentes». Y esto es de las virtudes de Sulayman, que la paz sea con él, y de su sabiduría y su reino. Y fue profeta y mensajero, y de él descienden muchos de los israelitas.

## Capítulo: La historia de Yunus, que la paz sea con él

Dijo Alá, el Exaltado: {Y le dimos a él [a Ibrahim] Ishaq y Yaqub, toda una descendencia. Y a cada uno hicimos recto. Y a Nuh lo guiamos antes, y de su descendencia a David, Salomón, Ayub, Yúsuf, Moisés y Harún. Así recompensamos a los que hacen el bien. Y a Zacarías, Yahya, Jesús y Elías: todos eran de los rectos. Y a Ismael, Al-Yasa, Yunus y Lut: a cada uno preferimos sobre los mundos. Y de sus padres, descendientes y hermanos: y elegimos de ellos. Y les guiamos al camino recto. Ése es el favor de Alá; lo concede a quien quiere de Sus siervos. Y quien se aparta de Su favor, en verdad, Alá es el Rico, el Praiseworthy.} [Al-An'am: 84-92] Y dijo el Exaltado: {Y [menciona] a Ismael, Al-Yasa', Yunus y Lut: a cada uno preferimos sobre los mundos. Y de sus padres, descendientes y hermanos: y elegimos de ellos. Y les guiamos al camino recto.} [Al-An'am: 86-87] Y dijo el Exaltado: {Y [recuerda] a Dhul-Kifl entre ellos, y a Dhul-Qarnayn y Yúsuf. Y cada uno era de los escogidos.} [Al-Anbiya: 85-86] Y dijo el Exaltado: {Y Yunus fue uno de los enviados. Cuando huyó a la nave cargada, echó suertes y fue de los refutados. Entonces lo tragó la ballena, y en su vientre dijo: «No hay dios sino Tú; Gloria a Ti. En verdad, he sido de los injustos». Así respondimos a él y lo salvamos de la angustia. Y así salvamos a los creyentes.} [Al-Anbiya: 87-88] Y dijo el Exaltado: {Y [menciona] a Yunus cuando salió encolerizado y pensó que no lo estrecharíamos, y llamó en las tinieblas: «No hay dios sino Tú; Gloria a Ti. En verdad, he sido de los injustos». Así respondimos a él y lo salvamos de la angustia. Y así salvamos a los creyentes.} [Al-Qalam: 48-50] Y dijo el Exaltado: {Entonces lo vomitó en la playa desnuda. Y encontramos una calabacera, la hicimos crecer sobre él para que fuera sombra. Y enviamos a Yunus a cien mil o más. Y creyeron, y les dimos disfrute por un tiempo.} [As-Saffat: 142-148] Ésta es la mención de la historia de Yunus en varios lugares del Corán, y hemos hablado de todo ello en el Tafsir. Mencionaremos aquí el resumen de lo que indican estos nobles versos, y lo relacionado con ellos de los hadices transmitidos sobre ello del Mensajero de Alá, que la paz y las bendiciones de Alá sean con él, con la ayuda de Alá. Yunus, que la paz sea con él, es el profeta de Dios, y es hijo de Matta, y se le envió a un pueblo de Nínive en Mosul, y les llamó a adorar a Alá solo, pero se desesperó y huyó, y subió a una nave, y cuando se llenó, echaron suertes y cayó sobre él, y lo arrojaron al mar. Y lo tragó un gran pez, y en su vientre dijo: «No hay dios sino Tú; Gloria a Ti. En verdad, he sido de los injustos». Y Alá ordenó al pez que lo vomitara en la playa, y le creció una calabacera para que se cubriera, y lo envió de nuevo a su pueblo, y creyeron en él, y les dio disfrute por un tiempo. Y relató Al-Bujari y Muslim de Abu Hurayra, que el Mensajero de Alá, que la paz y las bendiciones de Alá sean con él, dijo: «Ningún musulmán se ve estrechado por tres días sino que se le abre la puerta del arrepentimiento, excepto Yunus». Y en el hadiz de Ibn Abbas, que el Profeta, que la paz y las bendiciones de Alá sean con él, dijo: «Yunus fue el más paciente de los profetas en la adversidad». Y esto es de las virtudes de Yunus, que la paz sea con él, y de su arrepentimiento y su paciencia. Y fue profeta y mensajero, y de él descienden muchos de los asirios. Historias de los ProfetasPor Al-Hafiz Ibn Kathir Capítulo: La historia de Zakariya, que la paz sea con élDijo Alá, el Exaltado: {Y ciertamente, le dimos a Abraham la buena nueva de Ishaq, un profeta de los rectos. Y le bendijo: «¡Paz sobre ti! Y te alabaremos mucho. Nuestro Señor, y acepta de nosotros. En verdad, Tú eres el Oidor, el Omnisciente». Y [recuerda] cuando el Señor de Abraham lo probó con palabras, las cumplió. Dijo: «En verdad, te haré imán para los hombres». Dijo: «Y de mi descendencia». Dijo: «Mi pacto no alcanza a los injustos». Y cuando hicimos de la Casa un lugar de retorno para los hombres y un lugar seguro, y tomad de donde Abraham se erigió el lugar de oración: y pactamos con Abraham e Ismael que purificaran Mi Casa para los rodeadores, los retirados y los inclinados y prosternados. Y cuando Abraham dijo: «¡Señor mío! Haz que esta ciudad sea segura, y provee a sus habitantes de frutos, a quienes de ellos crean en Alá y en el Último Día». Dijo: «Y a quien no crea, le daré un disfrute breve, luego le obligaré al castigo del Fuego. ¡Qué mal destino!». Y cuando Abraham erigió los cimientos de la Casa con Ismael: «¡Señor nuestro! Acéptanos; Tú eres el Oidor, el Omnisciente». «¡Señor nuestro! Y haz que de nuestra descendencia un imán para los mundos». Dijo: «Y la promesa de Mi pacto no alcanza a los injustos».} [Al-Baqara: 124-129]

Y dijo el Exaltado: {Y le dimos a él [a Ibrahim] Ishaq y Yaqub, toda una descendencia. Y a cada uno hicimos recto. Y a Nuh lo guiamos antes, y de su descendencia a David, Salomón, Ayub, Yúsuf, Moisés y Harún. Así recompensamos a los que hacen el bien. Y a Zacarías, Yahya, Jesús y Elías: todos eran de los rectos. Y a Ismael, Al-Yasa, Yunus y Lut: a cada uno preferimos sobre los mundos. Y de sus padres, descendientes y hermanos: y elegimos de ellos. Y les guiamos al camino recto. Ése es el favor de Alá; lo concede a quien quiere de Sus siervos. Y quien se aparta de Su favor, en verdad, Alá es el Rico, el Praiseworthy.} [Al-An'am: 84-92] Y dijo el Exaltado: {Y [menciona] cuando Abraham dijo: «¡Señor mío! Haz que esta ciudad sea segura, y provee a sus habitantes de frutos, a quienes de ellos crean en Alá y en el Último Día». Dijo: «Y a quien no crea, le daré un disfrute breve, luego le obligaré al castigo del Fuego. ¡Qué mal destino!». Y cuando Abraham erigió los cimientos de la Casa con Ismael: «¡Señor nuestro! Acéptanos; Tú eres el Oidor, el Omnisciente». «¡Señor nuestro! Y haz que sus corazones se inclinen hacia Abraham, y danos una lengua de su lengua, para que podamos alabarte y recordarte mucho. Nuestro Señor, y haznos testigos de Ti el Día de la Resurrección. En verdad, Tú no fallas en la promesa. Nuestro Señor, no nos hagas objeto de escrutinio de los incrédulos, y perdónanos, Señor nuestro. En verdad, Tú eres el Poderoso, el Sabio. En verdad, te mostramos un ejemplo excelente. Síguenlo, para que prosperéis. Así selló Alá la verdad y la justicia, y no se cumple un ejemplo mejor que el de Alá. Él es el Poderoso, el Sabio.»} [Ibrahim: 35-41] Y dijo el Exaltado: {Y [recuerda] cuando el Señor de Abraham lo probó con palabras, las cumplió. Dijo: «En verdad, te haré imán para los hombres». Dijo: «Y de mi descendencia». Dijo: «Mi pacto no alcanza a los injustos».} [Al-Baqara: 124] Ésta es la mención de la historia de Zakariya en varios lugares del Corán, y hemos hablado de todo ello en el Tafsir. Mencionaremos aquí el resumen de lo que indican estos nobles versos, y lo relacionado con ellos de los hadices transmitidos sobre ello del Mensajero de Alá, que la paz y las bendiciones de Alá sean con él, con la ayuda de Alá. Zakariya, que la paz sea con él, es el profeta de Dios, y es descendiente de Harún ibn Imran, y era sacerdote en el Templo de Jerusalén, y cuidaba de Maryam, la madre de Isa. Y era anciano y su esposa estéril, y pidió a Alá un hijo, y Alá le dio la buena nueva de Yahya, que sería profeta y recto. Y Zakariya se escondía de su pueblo cuando hablaba, porque su lengua estaba atada, y Alá le abrió la lengua para que alabara a Alá. Y relató Al-Bujari y Muslim de Abu Hurayra, que el Mensajero de Alá, que la paz y las bendiciones de Alá sean con él, dijo: «Zakariya era el más devoto en la oración». Y en el hadiz de Ibn Abbas, que el Profeta, que la paz y las bendiciones de Alá sean con él, dijo: «Los profetas son hermanos paternos; tienen una misma religión, pero madres diferentes». Y esto es de las virtudes de Zakariya, que la paz sea con él, y de su devoción y su paciencia. Y fue profeta y mensajero, y de él descienden muchos de los levitas.

## Capítulo: La historia de Yahya, que la paz sea con él

Dijo Alá, el Exaltado: {Y ciertamente, le dimos a Abraham la buena nueva de Ishaq, un profeta de los rectos. Y le bendijo: «¡Paz sobre ti! Y te alabaremos mucho. Nuestro Señor, y acepta de nosotros. En verdad, Tú eres el Oidor, el Omnisciente». Y [recuerda] cuando el Señor de Abraham lo probó con palabras, las cumplió. Dijo: «En verdad, te haré imán para los hombres». Dijo: «Y de mi descendencia». Dijo: «Mi pacto no alcanza a los injustos». Y cuando hicimos de la Casa un lugar de retorno para los hombres y un lugar seguro, y tomad de donde Abraham se erigió el lugar de oración: y pactamos con Abraham e Ismael que purificaran Mi Casa para los rodeadores, los retirados y los inclinados y prosternados. Y cuando Abraham dijo: «¡Señor mío! Haz que esta ciudad sea segura, y provee a sus habitantes de frutos, a quienes de ellos crean en Alá y en el Último Día». Dijo: «Y a quien no crea, le daré un

disfrute breve, luego le obligaré al castigo del Fuego. ¡Qué mal destino!». Y cuando Abraham erigió los cimientos de la Casa con Ismael: «¡Señor nuestro! Acéptanos; Tú eres el Oidor, el Omnisciente». «¡Señor nuestro! Y haz que de nuestra descendencia un imán para los mundos». Dijo: «Y la promesa de Mi pacto no alcanza a los injustos».} [Al-Baqara: 124-129] Y dijo el Exaltado: {Y le dimos a él [a Ibrahim] Ishaq y Yaqub, toda una descendencia. Y a cada uno hicimos recto. Y a Nuh lo guiamos antes, y de su descendencia a David, Salomón, Ayub, Yúsuf, Moisés y Harún. Así recompensamos a los que hacen el bien. Y a Zacarías, Yahya, Jesús y Elías: todos eran de los rectos. Y a Ismael, Al-Yasa, Yunus y Lut: a cada uno preferimos sobre los mundos. Y de sus padres, descendientes y hermanos: y elegimos de ellos. Y les guiamos al camino recto. Ése es el favor de Alá; lo concede a quien quiere de Sus siervos. Y quien se aparta de Su favor, en verdad, Alá es el Rico, el Praiseworthy.} [Al-

An'am: 84-92] Y dijo el Exaltado: {Y [menciona] cuando Abraham dijo: «¡Señor mío! Haz que esta ciudad sea segura, y provee a sus habitantes de frutos, a quienes de ellos crean en Alá y en el Último Día». Dijo: «Y a quien no crea, le daré un disfrute breve, luego le obligaré al castigo del Fuego. ¡Qué mal destino!». Y cuando Abraham erigió los cimientos de la Casa con Ismael: «¡Señor nuestro! Acéptanos; Tú eres el Oidor, el Omnisciente». «¡Señor nuestro! Y haz que sus corazones se inclinen hacia Abraham, y danos una lengua de su lengua, para que podamos alabarte y recordarte mucho. Nuestro Señor, y haznos testigos de Ti el Día de la Resurrección. En verdad, Tú no fallas en la promesa. Nuestro Señor, no nos hagas objeto de escrutinio de los incrédulos, y perdónanos, Señor nuestro. En verdad, Tú eres el Poderoso, el Sabio. En verdad, te mostramos un ejemplo excelente. Síguelo, para que prosperéis. Así selló Alá la verdad y la justicia, y no se cumple un ejemplo mejor que el de Alá. Él es el Poderoso, el Sabio.»} [Ibrahim: 35-41] Y dijo el Exaltado: {Y [recuerda] cuando el Señor de Abraham lo probó con palabras, las cumplió. Dijo: «En verdad, te haré imán para los hombres». Dijo: «Y de mi descendencia». Dijo: «Mi pacto no alcanza a los injustos».} [Al-Baqara: 124] Ésta es la mención de la historia de Yahya en varios lugares del Corán, y hemos hablado de todo ello en el Tafsir. Mencionaremos aquí el resumen de lo que indican estos nobles versos, y lo relacionado con ellos de los hadices transmitidos sobre ello del Mensajero de Alá, que la paz y las bendiciones de Alá sean con él, con la ayuda de Alá. Yahya, que la paz sea con él, es el hijo de Zakariya de su esposa Elisabet, y es el profeta de Dios, y es el precursor de Isa ibn Maryam, y Alá le dio la sabiduría siendo niño, y le hizo recto y piadoso. Y nació milagrosamente cuando sus padres eran ancianos y estériles, y Yahya era casto y veraz, y confirmaba el Libro de Musa, y era de los mensajeros. Y fue martirizado por orden de Herodes, quien le cortó la cabeza por celos de su influencia. Y relató Al-Bujari y Muslim de Abu Hurayra, que el Mensajero de Alá, que la paz y las bendiciones de Alá sean con él, dijo: «Yahya era el más casto de los hombres». Y en el hadiz de Ibn Abbas, que el Profeta, que la paz y las bendiciones de Alá sean con él, dijo: «Los profetas son hermanos paternos; tienen una misma religión, pero madres diferentes». Y esto es de las virtudes de Yahya, que la paz sea con él, y de su rectitud y su martirio. Y fue profeta y mensajero, y de él descienden muchos de los levitas.

## Capítulo: La historia de Isa, que la paz sea con él

Dijo Alá, el Exaltado: {Y ciertamente, le dimos a Abraham la buena nueva de Ishaq, un profeta de los rectos. Y le bendijo: «¡Paz sobre ti! Y te alabaremos mucho. Nuestro Señor, y acepta de nosotros. En verdad, Tú eres el Oidor, el Omnisciente». Y [recuerda] cuando el Señor de Abraham lo probó con palabras, las cumplió. Dijo: «En verdad, te haré imán para los hombres». Dijo: «Y de mi descendencia». Dijo: «Mi pacto no alcanza a los injustos». Y cuando hicimos de la Casa un lugar de retorno para los hombres y un lugar seguro, y tomad de donde Abraham se erigió el lugar de oración: y pactamos con Abraham e Ismael que purificaran Mi Casa para los rodeadores, los retirados y los inclinados y prosternados. Y cuando Abraham dijo: «¡Señor mío! Haz que esta ciudad sea segura, y provee a sus habitantes de frutos, a quienes de ellos crean en Alá y en el Último Día». Dijo: «Y a quien no crea, le daré un

disfrute breve, luego le obligaré al castigo del Fuego. ¡Qué mal destino!». Y cuando Abraham erigió los cimientos de la Casa con Ismael: «¡Señor nuestro! Acéptanos; Tú eres el Oidor, el Omnisciente». «¡Señor nuestro! Y haz que de nuestra descendencia un imán para los mundos». Dijo: «Y la promesa de Mi pacto no alcanza a los injustos».} [Al-Baqara: 124-129] Y dijo el Exaltado: {Y le dimos a él [a Ibrahim] Ishaq y Yaqub, toda una descendencia. Y a cada uno hicimos recto. Y a Nuh lo guiamos antes, y de su descendencia a David, Salomón, Ayub, Yúsuf, Moisés y Harún. Así recompensamos a los que hacen el bien. Y a Zacarías, Yahya, Jesús y Elías: todos eran de los rectos. Y a Ismael, Al-Yasa, Yunus y Lut: a cada uno preferimos sobre los mundos. Y de sus padres, descendientes y hermanos: y elegimos de ellos. Y les guiamos al camino recto. Ése es el favor de Alá; lo concede a quien quiere de Sus siervos. Y quien se aparta de Su favor, en verdad, Alá es el Rico, el Praiseworthy.} [Al-

An'am: 84-92] Y dijo el Exaltado: {Y [menciona] cuando Abraham dijo: «¡Señor mío! Haz que esta ciudad sea segura, y provee a sus habitantes de frutos, a quienes de ellos crean en Alá y en el Último Día». Dijo: «Y a quien no crea, le daré un disfrute breve, luego le obligaré al castigo del Fuego. ¡Qué mal destino!». Y cuando Abraham erigió los cimientos de la Casa con Ismael: «¡Señor nuestro! Acéptanos; Tú eres el Oidor, el Omnisciente». «¡Señor nuestro! Y haz que sus corazones se inclinen hacia Abraham, y danos una lengua de su lengua, para que podamos alabarte y recordarte mucho. Nuestro Señor, y haznos testigos de Ti el Día de la Resurrección. En verdad, Tú no fallas en la promesa. Nuestro Señor, no nos hagas objeto de escrutinio de los incrédulos, y perdónanos, Señor nuestro. En verdad, Tú eres el Poderoso, el Sabio. En verdad, te mostramos un ejemplo excelente. Síguenlo, para que prosperéis. Así selló Alá la verdad y la justicia, y no se cumple un ejemplo mejor que el de Alá. Él es el Poderoso, el Sabio.»} [Ibrahim: 35-41] Y dijo el Exaltado: {Y [recuerda] cuando el Señor de Abraham lo probó con palabras, las cumplió. Dijo: «En verdad, te haré imán para los hombres». Dijo: «Y de mi descendencia». Dijo: «Mi pacto no alcanza a los injustos».} [Al-Baqara: 124] Ésta es la mención de la historia de Isa en varios lugares del Corán, y hemos hablado de todo ello en el Tafsir. Mencionaremos aquí el resumen de lo que indican estos nobles versos, y lo relacionado con ellos de los hadices transmitidos sobre ello del Mensajero de Alá, que la paz y las bendiciones de Alá sean con él, con la ayuda de Alá. Isa, que la paz sea con él, es el profeta de Dios, y es hijo de Maryam la virgen, sin padre, y Alá lo creó con Su palabra "Sé", y lo hizo mensajero a los Hijos de Israel con el Evangelio, y le dio el don de los milagros: hablar en la cuna, modelar aves de arcilla y darles vida, curar a los ciegos y leprosos, resucitar muertos, y conocer lo oculto. Y su madre Maryam era casta y piadosa, y Alá la eligió sobre las mujeres de los mundos. Y los judíos lo desmintieron y quisieron matarlo, pero Alá lo elevó a Sí mismo y lo salvó de ellos. Y Isa llamará a la gente a adorar a Alá solo, y negará que sea hijo de Dios o parte de Él. Y relató Al-Bujari y Muslim de Abu Hurayra, que el Mensajero de Alá, que la paz y las bendiciones de Alá sean con él, dijo: «Isa es de mi umma, y su madre es de las mejores mujeres». Y en el hadiz de Ibn Abbas, que el Profeta, que la paz y las bendiciones de Alá sean con él, dijo: «Isa será un justo rey cuando descienda». Y esto es de las virtudes de Isa, que la paz sea con él, y de sus milagros y su ascensión. Y fue profeta y mensajero, y de él descienden los cristianos, aunque ellos lo divinizan erróneamente.

## Conclusión del Libro

Y hasta aquí termina el libro Historias de los Profetas del Imam Abu al-Fida Ismail ibn Kathir, Y la alabanza sea para Alá por Su gracia.

**Glosario de Términos**

Este glosario incluye términos clave islámicos y coránicos recurrentes en el libro, con definiciones breves en español para facilitar la comprensión.

Se basa en el contexto del texto original de Ibn Kathir.

Alá (Allah): El nombre propio de Dios en el Islam, el Único Creador, Misericordioso y Compasivo.

Áyya (Aya): Verso o signo del Corán, considerado revelación divina.

Corán (Qur'an): El Libro sagrado revelado a Muhammad, palabra de Dios.

Hadiz (Hadith): Narración o tradición profética sobre las palabras y acciones de Muhammad.

Hanif: Monoteísta puro, como Abraham, que adora a Dios sin asociados.

Iblís (Iblis): Nombre de Satanás, el ángel caído que se rebeló contra Dios.

Imán (Imam): Líder o guía espiritual; también fe absoluta en Dios.

Kaaba: Estructura cúbica en La Meca, centro de la peregrinación islámica, construida por Abraham e Ismael.

Mensajero (Rasul): Profeta que recibe una revelación para transmitirla a su pueblo.

Profeta (Nabi): Mensajero de Dios elegido para guiar a la humanidad.

Sajda (Sajada): Postración en la oración, símbolo de sumisión a Dios.

Salah (Salat): Oración ritual islámica, pilar de la fe.

Salmos (Zabur): Libro revelado a David (Dawud), himnos de alabanza.

Shaytan (Shaytan): Demonio o tentador, sinónimo de Satanás.

Torá (Tawrat): Libro revelado a Moisés (Musa), ley divina para los israelitas.

Umma: Comunidad o nación de creyentes.

Yinn (Jinn): Criaturas invisibles creadas de fuego, sometidas a Dios.

www.ingramcontent.com/pod-product-compliance
Lightning Source LLC
Chambersburg PA
CBHW071820230426
43670CB00013B/2514